DESPIERTA TU ENERGÍA FEMENINA

Secretos de Energía de la Diosa y Cómo Acceder a Tu Poder Divino

ANGELA GRACE

Ascending Vibrations

¡BONUS! OBTÉN LA FÓRMULA SECRETA PARA LA MANIFESTACIÓN DE MANERA GRATUITA (EN INGLÉS)

¿Estás cansada de conformarte con una vida mediocre y desperdiciar tiempo valioso? ¿Estás lista para vivir tus fantasías más salvajes?

- Hackea tu cerebro, mejora tu rendimiento y libera los bloqueos que te impiden alcanzar la grandeza.
- Despierta esta energía increíble para potenciar tus manifestaciones.
- Deja de perder el valioso tiempo que tienes en métodos poco efectivos.

1. **Un video de *EFT Tapping* de manifestación potenciada**. ¡Descárgalo para desterrar las creencias que

te limitan e impulsarte hacia la vida de tus sueños! (Infundido con frecuencia de 432 Hz).

2. **¡El diario de la fórmula secreta!** Un ritual diario de manifestación creado para ti, ¡solo tienes que repetirlo en casa! (Puedes imprimirlo, pegarlo en la pared e ir tachando los días que completas el ritual).

3. **Una poderosa meditación guiada de 10 minutos para "cambiar tu realidad".** Descarga el audio Mp3 (infundido con frecuencia de 528 Hz).

4. **¡BONUS!** Estimula la Ley de la Atracción con una meditación guiada de 10 minutos para "despertar la energía femenina". Descarga el audio Mp3.

Haz clic aquí para obtener tu BONUS: ¡la fórmula secreta para la manifestación totalmente GRATIS! (en inglés)

bit.ly/manifestingforwomen

DESCARGA GRATIS LA VERSIÓN AUDIO DE ESTE LIBRO (EN INGLÉS)

Puedes disfrutar de este libro también en formato de audio. Si te gusta escuchar audiolibros en tu vida cotidiana, tengo grandes noticias para ti. Puedes descargar la versión audio de este libro (en inglés) completamente **GRATIS** con solo registrarte en una prueba **GRATUITA** de 30 días con Audible. Más detalles a continuación:

Como cliente de Audible, recibirás los siguientes beneficios con tu prueba gratuita de 30 días:

- Copia gratuita de este libro en formato audio (en inglés).
- Después de la prueba gratuita, recibirás 1 crédito por mes para usar en cualquier audiolibro.

- Tus créditos se acumularán automáticamente al mes siguiente si no los usas.
- Elige entre más de 400.000 títulos.
- Escucha audiolibros donde quieras con la aplicación de Audible para múltiples dispositivos.
- Puedes cambiar fácilmente y sin problemas los audiolibros que no te gusten.
- Conserva tus audiolibros para siempre, incluso si cancelas tu suscripción.
- ¡Y mucho más!

Haz clic en los siguientes enlaces:
AUDIBLE US : *bit.ly/angelicmagic*
AUDIBLE UK : *bit.ly/angelicmagicuk*

PREFACIO

Si estás cansada de que no te vean como la diosa que eres, entonces sigue leyendo. ¿Has sido reprimida durante años y quieres dar un paso para conquistar tu poder? ¿Estás cediendo constantemente tu poder a otras personas? ¿Reprimes a menudo partes de ti misma que desearías poder expresar? Quizás te juzgas a ti misma y te sientes avergonzada. El primer elemento que te despojará de tu magia y poder divinos, es ese sentimiento de vergüenza. Tu energía vital ha sido reprimida durante demasiado tiempo. Es hora de decir tu verdad.

No es casualidad que hayas elegido este libro, especialmente antes de tomar la gran decisión de vida que estás pensando en tomar. Es posible que tu magia, tu sabiduría y tu energía vital hayan sido reprimidas y ocultadas al mundo. Como mujeres, todas tenemos naturalmente esta magia dentro de nosotras, somos creadoras del mundo material, somos las creatrixes.

¿Estás preparada para recordar la magia que tienes dentro de ti? ¿Estás preparada para conectar con el amor propio que necesitas para sanarte? Las mujeres no sólo damos a luz a los niños, sino que damos a luz a toda la creación existente. Puede que hayas estado reprimida durante demasiado tiempo.

Sólo tienes que echar un vistazo a la sociedad que te rodea. Hay tantos lugares degradantes para las mujeres, donde se les hace sentir como si no fueran nada o que su feminidad natural, sensual y sagrada es algo de lo que deben que avergonzarse y utilizar en beneficio de otros. ¿Has sido condicionada por la sociedad a suprimir y avergonzarte de la parte sensual divina de ti misma? Puedes volver a aprovechar esa energía y expresarte como te plazca.

No es casualidad que estés leyendo estas páginas. Tal vez has encarnado en este ser para romper el paradigma de cómo la sociedad ve a las mujeres y las avergüenza. La mayoría de nosotras no nos damos cuenta de la magia y el poder que tenemos dentro de nuestras almas. Todas somos diosas y nuestros cuerpos son nuestros templos sagrados. Tal vez estés cansada de los patrones de ser un felpudo y de no avanzar en tu camino hacia tu auténtica personalidad. Puede que hayas olvidado tu poder y seas un recipiente de lo divino.

Estamos marcando el comienzo de un nuevo mundo juntas. Al derribarnos unas a otras, separarnos, juzgarnos y competir entre nosotras, estamos reprimiendo la llegada de una nueva era dorada. Volvamos al ciclo divino femenino de la creación. Debemos ser respetadas como mujeres y debemos reclamar ese poder. Cuando reclamas tu poder, dejas de cedérselo a otras personas. La sociedad nos ha engañado para que renunciemos a nuestro poder y no nos sintamos tan poderosas como deberíamos. Somos como el arcoíris, somos el puente entre la materia y el mundo espiritual. Vuelve a aprovechar esa magia. Reclama tu poder.

Esto es sólo una pequeña parte de lo que descubrirás en este libro:

- Cómo sustituir o equilibrar los rasgos masculinos con los femeninos
- Secretos para el despertar de la energía femenina que serán de interés tanto para las mujeres más jóvenes como para las mujeres maduras

- Grandes consejos y ejercicios, un ritual matutino planificado para seguir y los secretos más increíbles para liberarte de los traumas que cambiarán tu vida y que puedes empezar a aplicar para deshacerte de lo que ya no te sirve, hoy mismo.

Este libro está diseñado para empoderarte incluso si nunca has leído un libro espiritual antes, o si has fracasado una y otra vez en despertar tu energía divina femenina en el pasado. Esto se debe a que hay espacio para que todas nos elevemos. Debemos seguir el camino simple y directo hacia nuestro despertar. No hay competencia entre nosotras, todas somos una.

Así que si quieres reclamar tu poder, para sanar el mundo y las heridas que nos ha causado vivir en una sociedad predominantemente masculina durante tanto tiempo, sigue leyendo. Este es un libro para todas las mujeres, sin importar tu edad, tu etapa de la vida o tu situación. Ya sea que estés buscando alguna manera de encontrar la paz y el equilibrio dentro de ti misma o que quieras entrar en tu poder de diosa. Es el momento de acceder a nuevas profundidades de amor propio, aceptación, fuerza interior, claridad, y dar un paso hacia una relación contigo misma más completa y empoderada.

INTRODUCCIÓN

¡Bienvenidas a mi libro, queridas lectoras femeninas! Me alegra mucho verte aterrizar aquí, ya que esto significa que tu instinto y tu poder interior te han hecho cuestionar todo en la vida. Es posible que hayas experimentado varias señales del despertar de tu energía divina femenina, por lo que estás intentando rellenar los vacíos y averiguar qué es lo que te espera. Hay muchas otras mujeres como tú, que intentan averiguar qué hacer con ese impulso constante de descubrir más sobre su pasado, así como sobre su presente y su futuro. Al participar en este despertar, te conectas con el universo y encuentras tu lugar en el mundo. Así, con el tiempo, dejas de preguntarte por tu propósito en la vida y dejas de cuestionar tu poder.

¿Has despertado tu energía divina femenina implementándola en tu vida? ¿O te has sentido alguna vez sin poder y sin voz, en busca de algo que apoye tus reivindicaciones y te cubra las espaldas? ¿Por qué necesitas depender de otros, cuando puedes reclamar lo que es tuyo y recibir todo lo que te han quitado? La energía divina femenina es lo que impulsa a las mujeres a la grandeza. Fluye desde el interior, se expande y libera su singularidad en el mundo y el universo. Sin ella, te sientes como si estuvieras hibernando. Nadie quiere quedarse así para siempre, sin poder moverse y actuar, reclamando lo que ha perdido.

Según mi percepción, de hecho, no estás viviendo tu vida al máximo, a menos que ya te estés sanando. Esta energía femenina que fluye desde tu interior puede ayudarte a sanar las heridas y hacerte renacer. Si te preguntas cómo elevar tu vida, cómo descubrir realmente de qué estás hecha y reclamar lo que ha sido tuyo todo el tiempo, entonces este despertar de tu diosa interior es la mejor manera de hacerlo. Hasta ahora, te has estado perdiendo por no actuar según tu intuición. De este proceso de despertar se derivan numerosos beneficios que te permitirán abrirte al universo y percibir plenamente el sentido del mundo. Como mujer, eres una sanadora. Por lo tanto, tienes que dar un paso adelante y aceptar el propósito con el que has sido bendecida.

Es cierto que has estado reprimida durante años y años. Como mujer, has sufrido la injusticia y has sido despojada de tu naturaleza extraordinaria. Todos estos elementos que te han hecho ser exactamente quién eres, han sido suprimidos y los has escondido en lo más profundo de tu ser. Sin embargo, ha llegado el momento de abrir los ojos y darte cuenta de que tu identidad debe ser apreciada, en lugar de perseguida. El patriarcado no podía estar más equivocado. Las mujeres somos sagradas, y es así como debemos ser tratarlas.

Sorprendentes Beneficios Por Delante

Los beneficios de aprovechar la Energía de la Diosa son literalmente infinitos, así que te recomiendo que sigas leyendo este libro. Descubrirás muchas cosas sobre quién eres, qué debes hacer en la vida, cómo afrontar los retos y cómo mejorar tus relaciones con los demás y contigo misma. Te ayudará a entender la terminología básica, al tiempo que te ayudará a profundizar en tu alma para encontrar las respuestas que has estado buscando. Este libro te va a mostrar cómo desencadenar estos cambios en tu vida, desde el punto de vista de una mujer que necesita comprender el universo. Por supuesto, ¡debes seguir leyendo para descubrir los secretos que contiene!

Si has experimentado la vergüenza y el miedo, necesitas despertar tu energía femenina. Asumiendo que has desperdiciado incontables años tratando de averiguar más sobre tu propósito en la vida, verás la luz al final del camino. Acabarás encontrando tu lugar en el mundo, algo que te ofrecerá un cierre y encenderá maravillosas emociones en lo más profundo de tu alma. Si te has sentido insegura, insignificante o insuficiente para complacer a los demás y estar a su lado, este libro te mostrará la verdad. Tú eres un ser divino. Todos los demás deberían estar orgullosos y sentirse privilegiados sólo por estar cerca de ti.

Descubre qué significa este poder para ti, cómo afectará a tu vida y te llevará al nivel más alto de conciencia. Descubre las señales y comprende el significado de ser una Semilla Estelar, un alma sabia con miles de vidas e innumerables encarnaciones con el único propósito de ayudar y apoyar a los demás. Estas entidades son tan poderosas y sabias, y al mismo tiempo, tan felizmente ignorantes y llenas de esperanzas y sueños. Descubre cómo puedes llegar a otros individuos con ideas afines, posiblemente acercándote a tu familia del alma.

Al mismo tiempo, en este libro aprenderás a no desperdiciar tu energía femenina. ¿Por qué lo haces? ¿Cómo puedes dejar de hacerlo? Lee los consejos y las experiencias que proceden directamente del corazón, para que sepas lo que debes evitar. Tu energía es divina y exquisita, por lo que no debes desperdiciarla sin propósito. No debes desperdiciarla con aquellos que no la aprecian, sintiéndote agotada y poco apreciada. En cambio, aprenderás a preservar y proteger tu energía. Al fin y al cabo, se trata de tu propia esencia.

Llegar a un acuerdo con tu conciencia sexual es definitivamente uno de los beneficios más maravillosos que obtendrás al leer este libro. ¿Te sientes decepcionada por tu vida sexual? ¿Simplemente ignoras tus deseos, hundiéndote en un autodesprecio que te impide soltarte de verdad y entregarte al placer? Descubrirás por qué es imperativo que dejes de reprimirte. Está en tus manos recuperar el control de tu cuerpo y utilizarlo como un instrumento para sentir el placer más absoluto. Sin tabúes, sin segundas intenciones, sin dudas sobre ti misma. Entonces, soltar el trauma es realmente útil y puede ofrecerte un cierre. A pesar de lo ocurrido durante la infancia, no puedes ahogarte en los mismos pensamientos negativos para siempre. Por el contrario, debes tomar las riendas y hacer lo que es mejor para ti a largo plazo. Debes enfrentarte a tus miedos, que es exactamente lo que te voy a mostrar en este libro.

Las meditaciones son realmente sorprendentes, versátiles y motivadoras. ¿No sabes cómo practicarlas? No debes preocuparte, ya que he creado algunas meditaciones geniales para cubrir tus necesidades. No dudes en probarlas y ver por ti misma que funcionan a las mil maravillas, ¡estoy segura de que lo harán! Y por último, después de haber comprendido de qué se trata la energía femenina y cómo puedes encenderla, tendrás la oportunidad de atraer todo lo que has estado anhelando en la vida. ¿Qué te parece?

Descubriendo Mi Propia Energía Divina Femenina

No nací sabiendo de mi energía divina femenina, aunque mi don siempre me ha llevado a plantearme si hay algo más de lo que se ve a simple vista en mi vida. De hecho, he estado rechazando mi energía femenina, si miro hacia atrás y veo cómo he vivido mi vida. Mi carrera era tan exigente y estresante que me hizo construir una coraza masculina para protegerme de la sociedad patriarcal que dominaba mi vida profesional. Debido a mi competitividad, me centré en manifestar principalmente rasgos masculinos, para llegar a ser igual a los hombres. Esto es más o menos lo que la mayoría de las mujeres modernas persiguen, ¿no es así?

Permítanme contarles un poco sobre mí y mi viaje. En mi vida, he sido bendecida con una pareja cariñosa y amigos maravillosos, así como con una hermosa casa y un estilo de vida vibrante. Siempre me he sentido afortunada, además de apreciar mi capacidad para superar las dificultades y los exigentes retos del trabajo. Al fin y al cabo, siempre cumplía y eso era algo que me llenaba de orgullo y satisfacción.

Sin embargo, a medida que pasaba el tiempo y evolucionaba, me resultaba cada vez más difícil detenerme y apreciar el momento. A menudo me quedaba con ganas de más, siempre en busca de nuevas emociones. De repente, lo que me había hecho avanzar hasta entonces no era suficiente.

Aunque me presentaba como fuerte y poderosa, esto no era lo que realmente creía de mí misma. Al contrario, dudaba de casi todo lo que hacía, de cada decisión que tomaba. La confianza en mí misma había desaparecido, debilitada por la preocupación de que los demás me encontraran en falta y me ridiculizaran. La sola idea de que me superaran en la oficina me llenaba de terror. Así que traté de averiguar qué estaba mal. Intenté analizar las emociones que surgían de la nada, echando a perder todos los duros esfuerzos que había hecho para llegar a la cima... o eso creía yo. Pronto, lo creas o no, me topé con la magia de mi energía divina femenina y ésta ha afectado a mi propia vida en más sentidos de los que podría describir.

Tuve algunos avances, ya que los recuerdos del pasado aparecieron delante de mis propios ojos, dejándome asombrada. Aunque al principio opté por la negación como mecanismo de defensa, finalmente fui más consciente de lo que estaba ocurriendo. Sentí que mi diosa interior me llamaba. Al cerrar los ojos, viajaba a lugares místicos lejanos y fuera de nuestra dimensión. Escuchaba mi cuerpo y mi energía divina femenina, mientras evolucionaba hacia la criatura sagrada que soy. Todos mis miedos y dudas se desvanecieron en el aire. Fue muy difícil para mí hacerlo, pero llegué a aceptar todas las fachadas de mi viaje. Mi viaje me ha traído hasta aquí, tratando de transmitirte mis conocimientos y mi sabiduría ganados con esfuerzo.

Debes saber que realmente aprecio que hayas elegido leer lo que tengo para decir. Toda esta información que he reunido aquí es el resultado de mi anhelo de explorar mi ser interior y alcanzar mi más alto nivel de conciencia. Espero que encuentres tu propósito, como yo he encontrado el mío. Y realmente espero que nos encontremos de nuevo, después de que te hayas abierto a esta nueva experiencia trascendental que va a cambiar tu mentalidad de una vez por todas. ¡Feliz lectura y que la disfruten todas!

EL PODER DIVINO OCULTO
DENTRO DE TI

No es culpa tuya que hayas olvidado cómo es la comunicación con tu divinidad femenina. Tu diosa interior no es accesible por una razón. Vivir en una sociedad predominantemente masculina durante tanto tiempo ha provocado heridas patriarcales y ha tapado el poder divino femenino que tenemos dentro de cada una de nosotras. Nuestra sociedad nos ha condicionado negativamente a creer que la sensualidad femenina, el ser natural, la sexualidad y la expresión de una misma es algo que debe ser despreciado o vergonzoso, cuando en realidad, somos diosas y DEBEMOS expresarnos como nos plazca. No existe lo correcto o lo incorrecto, no existe la restricción y la vergüenza, la vacilación y la duda, en tu vida. Eres una mujer y tienes el poder de gobernar el mundo.

La sociedad nos ha engañado para que cedamos nuestro poder y no nos sintamos tan poderosas como deberíamos. Las mujeres estamos destinadas a gobernar el mundo, a través del amor y la compasión. Hay elementos extraordinarios en la energía femenina que hacen que las mujeres seamos líderes excepcionales, así como influyentes y mentoras. Una mujer puede inspirar e influir en los demás, guiarlos a través de las situaciones más desafiantes y proporcionarles cuidado, alimento y amor incondicional. Estos componentes son únicos, ideales para cualquier sociedad. Sin embargo, las cosas han cambiado drásticamente a lo largo de los años y en la actualidad las mujeres han sido despojadas de su propio poder y singularidad.

Para sobrevivir, las mujeres se han visto obligadas a despojarse de su propia piel y a transformarse en algo que no refleja lo que realmente son. ¿Te imaginas lo que sentiría un pavo real si le cortan la cola? Esto iría en contra de su naturaleza, por lo que lo más probable es que el pavo real permaneciera en estado de shock durante mucho tiempo, incapaz de procesar lo que se le ha hecho. Es similar a lo que le ocurre a una mujer, una vez que se le priva de sus rasgos distintivos. Ni siquiera se reconoce a sí misma, ya que ha asociado su propia existencia a algunas de esas características. Aun así, a lo largo de los años, las mujeres han sobrevivido y han conseguido cambiar su punto de vista. Han creado las bases para revelar su poder interior al mundo. Y esto no siempre ha sido fácil de lograr.

Las mujeres han aprendido por las malas que ser femenina no es algo que se deba tomar a la ligera. Estos componentes han sido combatidos durante mucho tiempo, principalmente por los hombres que se sentían amenazados por el poder abrumador de las mujeres. Como consecuencia de su propia falta de confianza, los hombres decidieron oponerse al dominio del género femenino. Las mujeres serían perseguidas y castigadas por su propia existencia. Era todo un caos, y las repercusiones han sido increíbles. Todavía parece una caza de brujas, la lucha constante contra aquellas mujeres que tienen una visión sólida y ambiciosa en su vida. Aunque vivimos en una sociedad moderna y la mayoría de los estereotipos se han desvanecido en el aire, aún existen algunas cosas que se resisten más al cambio. Sin embargo, esto no significa que debamos renunciar a intentarlo.

Es esencial reclamar tu poder para sanar el mundo y las heridas patriarcales que nos han causado por vivir en una sociedad predominantemente masculina durante tanto tiempo. Esto no va a ser fácil.

Requerirá de tiempo, trabajo duro y paciencia. Pero es inevitable. Se restablecerá la justicia y se nos devolverán los derechos de los que hemos sido privadas las mujeres en todo el mundo. Mereces sentirte poderosa y liberar ese poder sin ninguna duda. Es algo mágico, así que tienes derecho a vivir esa experiencia trascendental, que cambiará tu vida para siempre.

La magia de la feminidad

Cuando pensamos en la masculinidad, siempre nos centramos en el objetivo final. De este modo, podemos medir los resultados y evaluar el comportamiento masculino. Sin embargo, con la feminidad las cosas son muy diferentes. El comportamiento femenino se concentra principalmente en la experiencia. Es mucho más sensible y aborda el tema desde la perspectiva de la compasión, la creatividad y todos esos fabulosos conceptos. Sin embargo, a diferencia de la masculinidad, no se puede medir. Entonces, ¿cómo se puede valorar la feminidad si no se pueden cuantificar sus resultados?

Durante años y años, la feminidad ha sido degradada y menospreciada, como si fuera inferior a la masculinidad. La mayoría de las mujeres se han visto obligadas a dejar de lado sus rasgos femeninos para ser más competitivas en el mundo y buscar lo que les corres-

3

ponde. "Este es un mundo de hombres", ¿verdad? En lugar de bajar la guardia y permitir que nuestros sentimientos tomen el control, las mujeres nos hemos sentido reprimidas durante demasiado tiempo. Se nos ha juzgado como indignas por lo que hemos estado haciendo, en lugar de lo que se suponía que debíamos ser. Se trata de una pendiente resbaladiza que introduce la profecía autocumplida en su composición. Según ese fenómeno socio psicológico, un individuo es propenso a predecir ciertos patrones de comportamiento y luego se apega a ellos, en una forma de validar sus creencias (Colaboradores de Wikipedia, 2019).

Pero, ¿por qué alguien rechazaría su lado femenino? Forma parte de su equilibrio interior, al igual que se representa en el símbolo del Yin y el Yang (Peterson, 2020). Aunque los diferentes rasgos puedan parecer totalmente opuestos, en realidad son interdependientes y se complementan. Este es el concepto de dualismo, con un flujo perpetuo que equilibra cada entidad. Una mujer debe abrazar la masculinidad para perseguir uno de sus objetivos. Pero, al mismo tiempo, debe celebrar su feminidad. Esto es lo que le permite disfrutar de las cosas y las experiencias, incluso sin ninguna ganancia aparente.

Una idea errónea muy extendida sobre la feminidad es que se asocia directamente con el género. Esto no podría estar más lejos de la realidad. Como ya se ha dicho, en cada uno de nosotros hay componentes femeninos y masculinos. Sin embargo, en una sociedad patriarcal, los componentes femeninos han sido disminuidos. Su valor se ha reducido. En su lugar, los rasgos masculinos son los más importantes. Cuando un hombre se centra en su lado femenino, todo el mundo lo malinterpreta. No hay lugar para los rasgos femeninos, que se consideran debilidades. Así que este concepto erróneo ha llevado a las mujeres a una lucha constante por imitar a los hombres y ocultar su propio poder.

Sin embargo, el poder femenino es irreversible. Es interminable y abarca todo el universo. Lo femenino es curativo, nutritivo, protector, creador y sustentador, utiliza la empatía y el afecto. Son elementos que deberían celebrarse, en lugar de ser perseguidos y criticados duramente. A lo largo de los siglos, las mujeres han contribuido a mejorar el mundo tal y como lo conocemos, independientemente de que nuestra sociedad haya reconocido o no su contribución. Un ejemplo distintivo de la distorsión de la realidad y la falta de aprecio cuando se trata de la contribución femenina, es el caso de María Magdalena.

EL EJEMPLO DE MARÍA MAGDALENA

¿ESTÁS SEGURA DE QUE CONOCES LA VERDADERA HISTORIA DE María Magdalena? ¿O tal vez te han engañado haciéndote creer que era una prostituta, carente de moral y propósito en la vida? La verdad es que María Magdalena fue entrenada bajo las alas de Isis. Luego jugó un papel importante en la vida de Jesús, enseñándole sobre la alquimia sexual y permitiéndole superar los límites del mundo físico. No es de extrañar que ella, de entre todas las personas, esté presente en su resurrección. Ella da testimonio de que Jesús resucitó de entre los muertos para reunirse con su Santo Padre en el cielo, y contribuye en gran medida a la fundación del cristianismo.

Sin embargo, la Iglesia no fue muy amable con María Magdalena. De hecho, la mayoría de la gente la asociaba con una zorra, una mujer sin valor. Era una pecadora, según los libros. Jesús la perdonó y le mostró el camino virtuoso de la vida. Pero, ¿es esto realmente lo que ocurrió? Desde nuestro punto de vista, no es así. María era una mujer poderosa, que no pertenecía a nadie y que trazaba su propio camino. Por eso, a diferencia de la mayoría de las mujeres de su época, no verás la "...de X" tras su nombre. Normalmente, la X era el nombre masculino, que revelaba a quién pertenecía la mujer en aquella época. Las mujeres eran propiedad de los hombres, lo que impregnaba todos los aspectos de su vida, incluidos sus nombres. En

María Magdalena se encuentra su origen (siendo de la famosa ciudad pesquera de Magdala). Viajó con Jesús y ayudó a difundir su palabra. ¿Suena esto como una mujer sin valor?

Puede que la Iglesia haya cambiado los hechos para suprimir a las mujeres de la historia, tachando a María de ramera. Sin embargo, era una sacerdotisa sagrada con gran poder e influencia. María era independiente y guiaba a Jesús, apoyándolo y nutriéndolo. No cabe duda de que Jesús la tenía en gran estima, pues de lo contrario no estaría incluida en su círculo íntimo. Incluso en los momentos difíciles de dolor y sufrimiento, Jesús la eligió para permanecer al lado de su madre. Esto demuestra hasta qué punto confiaba en María y tenía fe en ella. Esta teoría está en consonancia con la novela de Dan Brown El Código Da Vinci (Netage, s.f.). En este caso, María fue representada como la esposa de Jesucristo.

Más allá del mito y de las creencias religiosas, es seguro asumir que María era considerada peligrosa para una sociedad patriarcal. Era fuerte y no dudaba en proyectar su poder. De hecho, ocupó una posición especial en la vida de una personalidad destacada: Jesús. A diferencia de la mayoría de las mujeres de su tiempo, no comprometió sus creencias. Por el contrario, adoptó una posición y fue juzgada. Quizá las acusaciones de que era una mujer sin honor reflejen el profundo afán de los hombres por desacreditarla. De lo contrario, una mujer los sustituiría y esto era algo que no podían soportar.

Es una pena que María Magdalena no haya recibido su justa cuota de reconocimiento universal. Más gente debería saber lo que realmente ocurrió. Más gente debería estar agradecida a María Magdalena, ya que abrió el camino para que otras mujeres se levantaran y reclamaran sus derechos. Por el contrario, su presencia sigue siendo ambigua a lo largo de los años. Es muy difícil para una sociedad patriarcal admitir que una mujer haya sido superior a ellos. Sin embargo, en la filosofía de Jesús, las mujeres siempre han sido apreciadas y su valor nunca ha sido cuestionado.

❧ 2 ❧

RECURRE A TU ENERGÍA DIVINA
PARA SANAR TU VERGÜENZA

Comprendo perfectamente por qué eliges frenar tu expresión personal porque yo he pasado por eso. De hecho, he sido avergonzada en el pasado por mi sexualidad y por ser quien soy. Mi confianza en mí misma no surgió de la noche a la mañana. Es un trabajo en curso, con sus altibajos, como en todo viaje. Creer en mí misma y celebrar mi individualidad ha sido mi objetivo final, que finalmente he alcanzado al despertar mi energía divina. Sólo al darme cuenta de que soy única, asombrosa y sagrada, tuve la oportunidad de superar mis miedos y liberarme de los prejuicios y temores.

Cuando era adolescente, experimenté la vergüenza corporal. Estaba bastante desarrollada para mi edad, lo que significaba que mi cuerpo era muy diferente al de otras chicas. La adolescencia puede ser realmente cruel para las chicas, porque ves que se producen todos estos cambios radicales y no puedes hacer nada para detenerlos. Estás en una montaña rusa de emociones, mientras que al mismo tiempo, tu cuerpo está cambiando rápidamente. Esto puede ser realmente decepcionante, porque te impide encajar y mostrar al resto del mundo que eres como ellos. Necesitas pertenecer, pero mi cuerpo hacía difícil que eso sucediera.

Obviamente, no había nada que pudiera hacer con los cambios que se producían en mi cuerpo, aparte de llevar ropa holgada y sentirme fatal. En lugar de encontrar apoyo entre mis compañeros, descubrí que la mayoría de ellos se burlaban de mí y me avergonzaban por mi cuerpo. Curiosamente, muchos de ellos eran mujeres. En lugar de apoyarme y aceptarme por lo que era, me criticaban sin motivo y me dejaban de lado. Como resultado, finalmente empecé a llevar ropa provocativa que ya no ocultaba mi cuerpo. Al contrario, elegía conjuntos que resaltaban mis curvas y revelaban que era sexy y toda una mujer. A diferencia de lo que creía, esto no tuvo los efectos que yo esperaba. Hizo que mis compañeros de clase me golpearan aún más, que me avergonzaran por querer expresarme y por mi sexualidad. Fue una situación muy difícil para mí durante todo el instituto.

Pasé años intentando aceptar mi cuerpo y mi propia sensualidad, hasta que finalmente me di cuenta de la verdad. Nadie debería ser juzgado o despreciado por lo que lleva puesto, por su aspecto físico o por su comportamiento. Tanto mi comportamiento anterior como el último, derivaban de mi inseguridad y mi afán por formar parte de un grupo. Era inocente y hacía lo que podía, intentando descubrir lo que realmente quería en la vida. Ser adolescente conlleva un gran bagaje y ser avergonzada, sólo empeoró las cosas. Me alejó de mi objetivo de intentar comprender quién soy. Pero estaba en mi derecho de actuar como quería, fuera como fuera. Es mi cuerpo, así que debo llevar la ropa que me haga sentir feliz y cómoda. No importa si mis pechos son grandes o pequeños, si estoy gorda o delgada, si mi piel es perfecta o no. Sentirme avergonzada me pasó factura, convirtiéndome en una introvertida y creándome traumas que desde entonces intento sanar. Todo eso por culpa de la vergüenza.

La vergüenza surge al compararte con tus estándares y sentir que no encajas. Pero, ¿de dónde vienen estos estándares? Es la sociedad la que dicta lo que debemos hacer, cómo debemos comportarnos, lo que debemos evitar a toda costa. Según la sociedad, algunos patrones de comportamiento son aceptables, mientras que otros deben ser criticados. Para no sentirnos aislados y dejados atrás, tendemos a cumplir plenamente estas directivas. No importa si nos gustaría expresarnos de forma diferente, acabamos siendo exactamente iguales a los demás. Lo hacemos para evitar la vergüenza y el aislamiento social. Y estas normas son tanto conscientes como subconscientes, siendo el subconsciente aún más difícil de tratar. ¿Cómo se puede abordar un problema cuando ni siquiera se sabe que existe?

Superar la vergüenza es una de las mejores experiencias de la vida. Sientes que te quitas un gran peso de encima. Por desgracia, se necesita mucho tiempo para superar la vergüenza y descubrir cómo volver a sentirse feliz. No te mereces esa carga. No mereces sentirte menos persona, sólo porque eres diferente. Cada persona es única y tu energía divina está aquí para recordártelo. En lugar de sentirte inferior a los demás, deberías celebrar tu diferencia. Esto refleja lo maravillosa que eres, lo única y sorprendente. Para ello, debes ponerte en contacto con tu energía femenina.

¿Qué Es La Energía Femenina Y Cómo Activarla?

Muchas personas asocian la energía femenina con el género. Sin embargo, esto está muy lejos de la realidad. De hecho, cada individuo necesita el equilibrio perfecto entre los rasgos masculinos y femeninos. Cuando hablamos de la energía masculina, nos referimos a la lógica y a la consecución de objetivos. Es más utilitaria, lo cual es estupendo. Por otro lado, nos referimos a la energía femenina como la energía que crea vida. Se centra en la belleza, sin estar necesariamente asociada a la practicidad. Tanto la energía masculina como la femenina deben estar en equilibrio, ofreciendo al individuo una personalidad completa que apreciar.

Algunas de las características fundamentales de la energía femenina son la perspicacia, la intuición, el perdón, la apertura, la armonía, la sensualidad y la creatividad. Sientes la necesidad de entregarte al puro disfrute cuando haces cosas en la vida, en lugar de evaluarlas en función de lo beneficiosas que puedan ser para ti. Pensemos en ello de esta manera. Cuando te preparas una taza de café por la mañana, ¿por qué lo haces? Si es porque quieres despertarte y sabes que tu cerebro se estimulará con los aromas del café que se está preparando y su sabor característico, entonces has activado tu energía masculina. Por el contrario, si preparas el café porque disfrutas tomándolo, entonces estás impulsando tu energía femenina. Sabes que algo despierta la alegría en tu vida y te entregas a ello, profundizando en la belleza de la más mínima acción.

La energía femenina consiste en conectar con la naturaleza. Estamos en absoluta alineación con el universo, así que tenemos que escuchar y conectar realmente con la naturaleza, en lugar de ir en contra de ella. Las mujeres somos sanadoras y encarnamos la divinidad. La energía femenina es nutritiva y protectora, tiene el potencial infinito para lograr todo lo que nos proponemos. Ese tipo de energía se mueve por la vida fluyendo sin esfuerzo, como la vida fluye por nuestro cuerpo. Es esa preciosa armonía que todos buscamos en la vida. La sientes dentro de ti, expandiéndose y liberando su poder en el mundo.

No es fácil activar la energía femenina, aunque hayas comprendido plenamente su magnitud. La verdad es que en una sociedad patriarcal, esta misma energía ha sido apartada durante miles de años. Hemos suprimido las características femeninas, en favor de las masculinas que nos hacen parecer más fuertes e invencibles. Para despertar la energía femenina, debes equilibrarte y aceptar tu ritmo interior. Necesitas de tu vibración interior, del movimiento especial que parte de tu interior. Una forma excelente de conseguirlo es tocando el tambor. No importa qué tipo de tambor utilices. Simplemente encuentra uno que vibre y te ofrezca la oportunidad de golpearlo y producir el ritmo que te despertará.

Lo que tienes que hacer es conectar el ritmo que produces con los latidos de tu corazón. Sólo tienes que hacer "boom", "boom", "boom" mientras respiras y tomas conciencia de tu propia vibración especial, lo que te dará la oportunidad de activar tu energía femenina. La sentirás fluyendo por tus venas, rodeándote de forma cálida y suave. También puedes utilizar meditaciones de activación, como el tambor Shamana. Pero hagas lo que hagas, asegúrate de permanecer relajada y de concentrarte en tu respiración. Esta es una de las cosas básicas que debes hacer para alinear tu cuerpo y tu alma con el mundo. Siente tu respiración, contrólala, siéntete relajada y escucha tu ritmo interior.

Crea una atmósfera inspiradora y tranquilizadora. Activar tu energía femenina requiere de tiempo y esfuerzo. Necesitas sentirte cómoda con tu entorno, para favorecer que se produzca ese cambio. Apaga las luces, porque la oscuridad es capaz de despertar la energía al eliminar las distracciones. Las luces artificiales pueden mantenerte distanciada, por lo que debes acercarte a la naturaleza manteniendo todas las luces apagadas. Si estás en casa, puedes energizar tu cuerpo caminando de un lado a otro. Esto creará las vibraciones que necesitas. Puedes encender una vela para añadir algo de misticismo al aire, inspirarte con las fragancias relajantes e impulsar la expansión de tu energía interior. Para adquirir armonía, prueba bailar y tocar el tambor. Esto te permitirá sentir el ritmo, sentir la vibración que brota de tu interior. Escucha ese ritmo y déjate llevar por la corriente. Ahora has conectado con tu energía femenina, activándola para que te muestre el camino. Obviamente, el ambiente idílico en la oscuridad no estaría completo sin tu conexión externa con la luna. Sal y mira las estrellas y la luna, respirando el aire fresco y disfrutando de la calma absoluta que te rodea. Por último, haz algunos estiramientos para tonificar tus músculos y flexibilizar tu cuerpo. Este es tu recipiente para activar la energía femenina y manifestarla, así que prepara ese recipiente adecuadamente.

Ejercicios Para Aumentar La Autoestima

Puedes aprovechar tu energía divina femenina para sanar esta vergüenza. Restablece tu autoestima y tu confianza perdida de una manera cariñosa y enriquecedora. Tu mayor vergüenza y tus traumas más profundos pueden ser en realidad una bendición disfrazada, ya que estos elementos dolorosos pueden desencadenar tu despertar. El sufrimiento y la oscuridad traen aparejado un avance.

Se necesita tiempo para transformar tus creencias y empezar a florecer desde dentro. El cambio no puede producirse de la noche a la mañana. Es cierto que hemos crecido con nuestras propias inseguridades. Y tenemos un montón de ellas. Hemos sido programadas para intentar encajar, en lugar de destacar. Por eso tendemos a dudar de nosotras mismas y a dudar de nuestro valor. En nuestro intento de disfrutar del despertar de la energía femenina, tenemos que invertir la situación. A continuación, voy a mostrarte algunas herramientas que te ayudarán a revelar tu singularidad. Si las añades a tu rutina diaria como parte de tu ritual matutino, notarás una gran diferencia con el tiempo.

En primer lugar, deberías añadir afirmaciones todos los días como parte de tu entrenamiento para despertar tu poder interior. Las afirmaciones son frases que utilizamos para entrenar a nuestra mente a cambiar nuestro punto de vista. Así que si has estado acostumbrada a despreciarte, esto tiene que cambiar. Es hora de verte como realmente eres. Es importante que entiendas que debes ser apreciada y valorada. Antes de avanzar en la exploración de tu interior, tienes que reconocer varias cosas. Tienes permitido fracasar. Este es uno de los reconocimientos básicos en la vida. El fracaso forma parte de la vida y la maduración. Todas las personas importantes han fracasado en el pasado, antes de obtener reconocimiento y dejar su huella en el mundo.

Entonces, ni que decir tiene que hay que dejar de buscar la validación. ¿Por qué te importa lo que los demás piensen de ti? Esto sólo hará que anheles más comentarios positivos y dependas de ellos. Por el contrario, debes aprender a ser independiente y poderosa por ti misma. No hay nadie que te apoye en tu vida más que tú misma. Tienes que ser tu mayor fan, así que no necesitas escuchar a nadie más. Si crees que algo es correcto, entonces ve a por ello. Confía en tu instinto, confía en lo que piensas y no en lo que creen los demás.

Los juicios y las críticas no tienen cabida en tu vida. Lo que nos lleva a nuestro siguiente reconocimiento. Aléjate de la gente tóxica. Estas son las personas que siempre te fruncen el ceño y te dejan amargada. Personas que sólo piensan en su beneficio personal y que actúan según sus intereses. Estas personas se complacen en rebajarte, en reducir tu valor y en y hacer que te sientas mal contigo misma. Se alimentan de tu infelicidad, lo cual es algo absolutamente horrible. Pues bien, adivina qué. Estas personas no deben pertenecer a tu vida, así que debes hacer todo lo posible para deshacerte de ellas lo antes posible.

Dicho esto, puedes identificar los problemas que te agobian. Por ejemplo, puede que pienses que eres fea. Puede que creas que no eres lo suficientemente inteligente, lo suficientemente alta, lo suficientemente exitosa. La lista es literalmente interminable. Después de abordar los problemas reales, estás lista para comenzar con las afirmaciones para trabajar en la inversión de tus creencias. Deberás practicar las afirmaciones del "Yo". *Soy bella", *soy exitosa", *soy rica", *soy saludable" y todo lo que necesites decir. Al principio, te sentirás incómoda durante el proceso. Sin embargo, a medida que vayas practicando, verás la diferencia.

Llevar un diario es otra excelente herramienta que puedes utilizar para encender tu energía femenina. Algunas personas creen en la representación visual de las cosas. Si eres una de ellas, la idea de llevar un diario te resultará muy útil. No tienes que estresarte por ello. Piénsalo así. A veces, tenemos tanta información en nuestra mente que es demasiado difícil guardarla toda dentro. Te sientes abrumada por esos datos que no puedes procesar adecuadamente porque te inundan el cerebro. A través del diario, puedes expresar todo lo que quieras por escrito. Esto puede ser bastante catártico. Pones en marcha tu lado creativo y desarrollas tu capacidad de organización. Además, puedes hacer un seguimiento de tus progresos y leer tus pensamientos cuando te apetezca. Abres tu cuerpo y toda la información fluye desde dentro. Un consejo especialmente útil, si no sabes por dónde empezar, es escribir una carta para ti misma.

¿Eres amiga de tu espejo? Si no es así, ¡qué pena! Hay un ejercicio increíble que puedes hacer. Simplemente necesitas un espejo. Aunque puedes usarlo en el baño, es preferible utilizar un espejo de mano, para poder ajustar el ángulo y la proximidad. El problema de nuestra vida es que a menudo dejamos de mirarnos en el espejo. Me refiero a mirarnos de verdad, no sólo a una mirada momentánea. Así que hay que coger el espejo y acercarlo mucho a la cara, casi tocando la punta de la nariz. Entonces, mira fijamente dentro de tus ojos. No hagas nada más

No hagas nada más, sólo mira dentro de tus ojos. No sonrías, no rías, no te distraigas. Puede que te sientas incómoda, lo cual es totalmente comprensible. No estás acostumbrada a ese nivel de intimidad contigo misma. En cuanto te sientas bien con eso, empieza con tus afirmaciones. Verás que esto te sorprenderá. No te desanimes si lloras la primera vez que lo haces. Pronto te acostumbrarás y los resultados serán sorprendentes, ¡como tú!

Por último, tienes que entrenar tu mente para que no te moleste que la vida se interponga en tu camino. Obviamente, esto es algo muy difícil de hacer. Pero debes tener en cuenta un por un momento, ¿por qué deberías entristecerte por el más mínimo contratiempo? ¿Por qué te afectan las opiniones de los demás? Esta es tu vida y debes vivirla exactamente como tú quieres. Así que debes practicar para que no te importe lo que pasa. Haz cosas que te llenen de alegría y satisfacción. Reúnete con personas que te hagan sentir bien contigo misma y te apoyen en todo momento. Aléjate de todo lo que te deprime y te hace mal. Estás en el camino hacia la grandeza, no lo olvides.

❧ 3 ❧
CÓMO DEJAR DE RENUNCIAR A TU PODER FEMENINO DIVINO

Nuestra propia existencia, el mundo entero que nos rodea, está hecho de energía infinita divina. Esta energía es neutra y se contrae para convertirse en materia y crear el mundo material en el que vivimos. Adquiere su forma física y se manifiesta a través de nuestros pensamientos y sentimientos, reflejando nuestra energía masculina y femenina. Tenemos que conservar esa energía, dejar de renunciar a ella, para ser felices y tener éxito en la vida. Sin embargo, no es una tarea fácil. La energía a menudo se aleja y se repele de los cuerpos, seamos o no conscientes de ello.

Cada vez que pensamos en algo que nos deprime, dejamos que nuestro poder divino femenino y nuestra energía se escapen. Tómate un momento para procesar eso. Imagina que sales y te tomas demasiados cócteles, a pesar de que te habías convencido de que limitarías tu consumo de alcohol a un par de copas. Vuelves a casa y empiezas a machacarte. Los pensamientos de inutilidad pasan por tu mente, haciéndote sentir mal contigo misma. Estás decepcionada y sientes que nunca te vas a recuperar de esa emoción negativa. Todo esto te drena la energía. Todo este desprecio hacia ti misma no hace más que mantenerte alejada de tus objetivos.

Lo mismo ocurre con cada uno de los pensamientos que tienes y que te depriмen. Tienes bastantes asuntos con los que estás lidiando, que pueden hacerte sentir mal e incluso llevarte a la depresión. Si estás descontenta con tus finanzas, si te sientes defraudada por tu falta de disciplina a la hora de seguir una nueva dieta y un régimen de ejercicios, si te sientes atraída por los hombres equivocados... todas estas cosas drenan una energía preciosa. Así que tienes que detenerte y encontrar formas de proteger tu energía femenina. Tienes que prepararte para superar esas fugas y retener toda la energía posible.

La ansiedad social se suma a la mezcla. Cuando te sientes incómoda e insegura en la sociedad, gastas demasiada energía. En lugar de sentirte tranquila y segura en lo que haces, gastas tu energía y te agotas pensando en las consecuencias. Analizas demasiado las cosas, mides los pros y los contras, juegas con escenarios dentro de tu cabeza. Esto no te funciona. Así que ha llegado el momento de liberarte de este círculo vicioso, que tiene que ver con la opinión de la sociedad sobre ti y tu propio valor.

Como puedes imaginar, preservar tu energía femenina es esencial para tu bienestar. Si desperdicias esa preciosa energía, es como si estuvieras tirando a la basura tu pasado. Todo el tiempo dedicado a crear esa energía, todos los sacrificios que otras mujeres han hecho y que han sufrido, para que tú pudieras disfrutar de los beneficios de conectar con tu diosa interior, todo eso se habría echado a perder. ¿Estás pensando en negar el núcleo de tu existencia? A menos que estés a punto de dejar de lado tu aspecto femenino en la vida, tienes que hacer todo lo posible para evitarlo. Para mantener tu poder divino, debes tratarlo con respeto y prudencia. No lo gastes en pensamientos, creencias, actos y relaciones que no estén a la altura de tus estándares y necesidades. Si lo haces, tarde o temprano sentirás las consecuencias negativas, ya que la energía corre a través de ti.

· · ·

Limpia Tu Recipiente Divino Y Libérate de la Energía Negativa

Existen muchos tipos de personas que no te convienen en tu vida. Te chupan y te dejan sin la más mínima energía. Estas son las personas que no quieres tener en tu vida, aunque a primera vista creas que sí. Es importante que utilices tu energía femenina para protegerte de los narcisistas, de las malas parejas, de los vampiros de energía, de los juicios y de las críticas de la sociedad. De este modo, dominarás el arte de preservar tu energía y sentirte exactamente como debes sentirte: increíble. La desintoxicación limpiará tu vida de relaciones insanas.

Para que puedas limpiar tu recipiente divino y liberar toda esa energía negativa que se ha ido acumulando durante tanto tiempo, necesitas seguir algunos pasos fáciles y útiles. En primer lugar, debes admitir que hay demasiadas cosas en tu vida y que estás permitiendo que demasiadas personas te controlen. ¿Te suena familiar? ¿Por qué querrías dejar las decisiones importantes en manos de otros? No hay nadie que sepa mejor que tú lo que necesitas. Asegúrate de identificar a esas personas que han estado chupando el aire de tus pulmones y elimínalas de tu vida.

Establece tus límites para no malgastar tu energía. Estas personas nunca se detendrán. Seguirán exigiéndote como si estuvieras obligado a cumplir. Lo que haces y cómo vives no debe preocuparles. No les corresponde juzgarte ni aconsejarte. Tampoco deben tener el poder de tomar tus decisiones. Tú eres quien tiene el control de tu propia vida. Es hora de subir a ese pedestal y ver el mundo desde un punto de vista privilegiado. Entonces, es igualmente importante ser un poco egoísta y actuar en tu propio interés. El egoísmo no es siempre algo malo. No estoy hablando de perjudicar a los demás. Por supuesto que no. Sin embargo, tienes que ponerte a ti mismo en primer lugar y actuar de acuerdo con tus creencias, tus deseos y tus necesidades. ¿A quién más quieres complacer? Siéntete libre de mimarte, de alimentar y nutrir tu cuerpo y tu alma. La felicidad que obtendrás como resultado de toda esta experiencia no tiene comparación. Además, todo esto te ayudará a mantener tu energía femenina.

Por último, tienes que dejar de sentirte culpable. La culpa se utiliza a menudo para presionarnos a actuar en contra de nuestra voluntad. Por ejemplo, si no quieres salir con un chico, ¿por qué no te enfrentas a él y se lo dices? No hay razón para prolongar lo inevitable. De hecho, estarán mejor el uno sin el otro, ya que no hay química real entre ustedes. Lo mismo ocurre cuando asistes a una fiesta a la que no quieres asistir, comes comida que desprecias, ves una película que no te gusta, y la lista sigue y sigue. No te disculpes por tus decisiones en la vida. Apóyate en ellas y apoya tus decisiones. Cuando te disculpas, estás contrayendo tu energía. La empujas hacia abajo y sientes la presión. No te mereces ese tipo de presión, así que déjala ir.

Cuando piensas en algo durante demasiado tiempo, gastas energía. Por ejemplo, ¿recuerdas cuántas veces anhelaste que llegara el amor? Toda esa energía se contrae, y te sientes tensa y reprimida. Como resultado, repeles lo que estás deseando experimentar, debido a esa contracción de energía. Cada vez que te sientes juzgada o avergonzada por algo que has hecho, actúas de forma opuesta a como querrías actuar. No estás atrayendo las cosas a las que tienes derecho; las estás alejando.

Así que la solución es liberar la contracción, exhalando y alineando tu energía con una energía más elevada. Te conectas con la energía fuente, ya que estás más relajada y liberas la tensión y la energía contraída fluye desde tu interior. Hay un potencial infinito para ti ahí fuera, siempre y cuando dejes de limitarte. Sal de la conciencia que ya no funciona para ti. Desintoxica tu mente y tu cuerpo, dejando ir esa energía reprimida.

Activa A Tu Diosa Interior

Habiendo liberado tu energía negativa, ahora puedes purificar tu aura para hacer espacio al despertar de tu energía femenina. ¿Estás intrigada por encender la energía de la divinidad femenina desde lo más profundo de tu ser? ¿Estás preparada para activar tu diosa interior? Necesitas incorporar esas afirmaciones de energía femenina en tu ritual matutino, para que inviertas tu entrenamiento y permitas que tu mente contemple lo que realmente quieres perseguir en la vida. Hay varias cosas en las que deberías centrarte para estimular tu autoconciencia y potenciar tu energía divina interior.

Eres una diosa y deberías empezar a comportarte como tal. Cree en tu poder y siente todas esas cosas positivas que se derivan de ser una mujer así. ¿Por qué eres feliz siendo mujer? ¿Qué hace que tu corazón lata más rápido? ¿Por qué los demás se desviven por acercarse un poco más a ti? Si crees que no eres digna, tienes que reconsiderarlo. La gente ha llegado a extremos porque quería hacer algo que se sentía motivado a lograr. Muchos han quedado fuera en el frío, en condiciones climáticas realmente malas, arriesgando su vida y absteniéndose de comer y beber por varios días, porque querían llegar a la cima de una montaña. Otros han luchado hasta la muerte por una mujer hermosa, o para defender el honor de su familia. No hay nada que impida a alguien acercarse a ti, aunque para ello tenga que sacrificar algo.

¿Todavía estás indecisa sobre si mereces o no comunicarte con tu diosa interior? Realmente, no deberías tener ninguna duda. Sin embargo, cuando practiques la siguiente afirmación, llegarás a abrir los ojos poco a poco, y verás realmente lo que significa ser tú. Es mucho más que una o dos palabras. Es mucho más que un sentimiento o dos. Eres un reflejo del universo entero, viviendo en perfecta armonía. Has venido a la tierra para ayudar a la humanidad y hacer del mundo un lugar mejor de muchas maneras. Todo lo que haces ha sido bendecido. Por lo tanto, no tienes que justificar tus acciones ni pedir permiso a nadie.

En primer lugar, debes recordar tus mejores cualidades.

"Soy amorosa", "Soy autosuficiente", "Soy una persona bondadosa", "Soy amable" y "Soy adorable" pueden servir de introducción. También pueden ser útiles "emano amor y compasión", "mi energía espiritual es alta" y "soy una mujer poderosa y realizada". Tienes que ser capaz de bajar la guardia y entregarte a la armonía de la naturaleza. Es imprescindible que te relajes y abras tu alma para recibir estas afirmaciones y aceptar su veracidad. "Soy una reina", "Encarno mi energía divina", "Estoy en perfecta alineación con mi poder y sabiduría ancestrales", todas estas son excelentes afirmaciones para seguir adelante. "Soy la fuerza del viento", "Soy una extensión de la creación cósmica", "Abrazo mi energía sensual" y "Me expreso con franqueza, honestidad y sin prisas" son también afirmaciones increíbles para utilizar.

A través de estas afirmaciones, debes abrir tu mente y permitir que tu cuerpo reciba todos los preciosos regalos que estás a punto de recibir. Tu diosa interior espera ser liberada al cosmos, así que tienes que demostrar que eres digna de recibir ese honor especial. Debes alinearte con el universo y creer en ti misma. Sin esta alineación, estás condenada a mantener a tu diosa oculta y reprimida por toda la eternidad. Cree en el hecho de que eres extraordinaria y transmite esto a tu subconsciente. "Mi energía es fuerte y vital", "Yo soy la joven, la nueva, la antigua y la vieja", "Soy una maravillosa manifestación de la Divinidad Femenina", estas afirmaciones te mantendrán en el camino, incluso cuando te caigas o te desvíes del camino.

❧ 4 ❧
CREEMOS JUNTAS EL CIELO EN LA TIERRA

S er mujer es una verdadera bendición y debería considerarse como tal. Sin embargo, a lo largo de los años, las mujeres hemos sido avergonzadas y denigradas. Se nos ha menospreciado durante tanto tiempo que casi se ha convertido en una segunda naturaleza para nosotras. Parecería ser que estuviéramos luchando constantemente contra todo pronóstico. En una sociedad patriarcal, ser mujer tiene sus inconvenientes. Nadie está dispuesto a renunciar a sus derechos de siempre. Así que es una lucha interminable para demostrar tu valía y ganarte tu lugar en el mundo.

Por eso tenemos que mantenernos unidas. Somos nosotras contra el mundo, tratando de establecer nuestra posición en la sociedad. De lo contrario, siempre estaremos mirando por encima del hombro, con el temor de que algo se acerque por detrás de nosotras y nos prive de lo que hemos conseguido hasta ahora. ¿No es así? Tenemos que comprometernos a ayudarnos mutuamente y potenciar nuestro poder juntas. Es nuestra hora de levantarnos. Mientras nos potenciemos unas a otras, vamos a dar paso hacia una nueva época de oro que creará el cielo en la tierra donde todas podamos prosperar.

Desgraciadamente, las mujeres hemos aprendido por las malas lo difícil que es confiar en los demás. Después de haber experimentado la injusticia, no puedes evitar permanecer escéptica todo el tiempo. La traición no es un mundo desconocido, y duele exponerse a las mismas amenazas una y otra vez. Así que nos construimos un muro, lo suficientemente grande como para mantener a todos a raya. Esta puede ser una gran estrategia, pero conlleva riesgos. Uno de los riesgos que corres es que puedes estar apartando a quien puede ayudarte. Así que en tu esfuerzo por protegerte (lo cual es absolutamente comprensible y hay que felicitarte por ello), tu muro te impide conectar con otras mujeres.

Sin embargo, es crucial entender que hay más cosas que nos conectan que las que nos dividen entre las mujeres. Aunque tengamos formas y tamaños diferentes, aunque estemos a kilómetros de distancia, aunque nuestros orígenes varíen mucho, es esa chispa femenina especial la que nos une. Somos mujeres, lo que significa que hemos alcanzado la grandeza a través de tiempos difíciles. Esto es lo que nos define. Las dificultades que hemos superado sólo nos hacen más fuertes. Pero a menudo nos hacen más frías hacia nuestro propio género. No debes caer en esa trampa, ya que te aleja de tu verdadera esencia.

Ya no debemos derribarnos unas a otras ni juzgarnos. Todas somos mujeres sagradas y tenemos que empezar a unirnos para recordarnos la magia que llevamos dentro. Cuando nos unimos, nuestra energía se amplifica y podemos enviarla al mundo para crear un cambio. Unidas nos mantenemos, divididas caemos. Es inevitable que el poder venga en cantidad. Así que únete a esta red creciente de mujeres y multiplica tu fuerza, en lugar de intentar causar daño.

Somos especiales, hay que mentalizarse de ello. El mundo debería ser acogedor con nuestra singularidad, reconociendo de lo que somos capaces. Sin embargo, la realidad es mucho más dura. Hay obstáculos que no dejan de abatirnos. Los hombres parecen habernos metido en jaulas para intentar contenernos. ¿Te imaginas lo que pasaría si uniéramos nuestras fuerzas por el bien común? Estas restricciones ya no existirían. Esta es nuestra vocación, así que no le des la espalda sólo porque pienses que estás mejor por tu cuenta. No lo estás, créeme.

¿Te Has Sentido Tentada de desprestigiar a las demás?

Hay muchas personas que se sienten obligadas a compararse con los demás. Cuando esa comparación se queda corta, no hay más remedio que intentar disminuir el valor del individuo que ha demostrado ser superior. ¿Te resulta familiar este patrón de comportamiento? ¿Estás constantemente antagonizando con otras mujeres? Esto no es saludable, ya que impide que florezcas realmente desde dentro. En lugar de ello, debes centrarte en tu propio ser, tratando de mejorar y avanzar. Si pierdes el tiempo observando lo que hacen las demás, te privas de dedicar un tiempo valioso a tu crecimiento personal. Todas estas distracciones te pasarán factura y dejarán sus cicatrices para siempre. Te alejarán de tu verdadero objetivo y dañarán tu relación con tus aliadas.

Para ser honesta, este afán por mostrarse superior a las demás podría revelar una dura verdad para ti misma. Tal vez te hayan herido profundamente y ahora te sientas obligada a demostrar tu valor a ti misma y a los demás. Tal vez no hayas encontrado el reconocimiento que mereces, y esto es algo que debes reconocer antes de poder resolverlo. Así que la próxima vez que estés a punto de cotillear o juzgar a otra persona, especialmente a una mujer con la que compartes muchas cosas en común, hazte esta pregunta: ¿qué te lleva a comportarte así? ¿Es la familia, son tus compañeros que siempre te juzgan por lo que eres, por lo que vistes, por lo que haces en tu vida?

Si estás despreciando a otra persona, juzgándola o compitiendo con ella, significa que te lo estás haciendo a ti misma. Este es un reflejo de tus propias emociones negativas. ¿Tienes dudas sobre tu competencia en algo? ¿Te sientes menos digna de lo que hubieras esperado? Puede que estas dudas permanezcan en el subconsciente, pero siguen afectando a tu comportamiento y agudizan tu inseguridad. Si fueras independiente y tuvieras confianza en ti misma, no gastarías tu tiempo en averiguar lo que hacen las demás. Estarías demasiado ocupada intentando perfeccionar tus propias habilidades, tu actuación, tu estilo. Esto es lo que tienes que conseguir. Mejórate a ti misma, descubriendo cómo dejar de criticar a los demás.

Así que cada vez que juzgues a una compañera de trabajo o a una amiga, a una simple conocida o a una total desconocida, intenta interpretar las señales. Lee entre líneas y observa lo que significan esas acciones para ti. ¿Quieres ser mala con los demás? Sé que no es tu caso, ya que una semilla estelar nunca se deja llevar por el mal. ¿Te hace sentir feliz o satisfecha de alguna manera? Estoy segura que no. De hecho, lo más probable es que te llene de arrepentimiento. Está claro que estas acciones no son tu estilo. Lo más probable es que sean un reflejo de lo que necesitas sanar en tu interior. Cuando no te gusta lo que hace otra mujer o no estás de acuerdo con ella, se desencadena algo dentro de ti que necesitas sanar.

Es hora de dar rienda suelta a tu pasión y dejar que esta te guíe, mientras escuchas lo que te dicta tu corazón. Sólo así podrás empezar a observar cosas a las que nunca habías prestado atención antes. Hay belleza en el mundo y en cada una de nosotras. Hay infinitas maneras, en las que cada una de nosotras podemos vivir nuestra propia vida. En un patrón similar, hay infinitos caminos que podemos elegir, según nuestras preferencias individuales. No hay nada correcto o incorrecto, no hay una solución que sirva para todos "no hay un talle que le quede bien a todos". No importa lo más mínimo si estás de acuerdo con esto o no. Simplemente deja que todo el mundo sea, como ellos te dejan a ti, sin juicios, sin vibraciones negativas, sin preocupaciones, sólo pura dicha.

ENCUENTRA A TU FAMILIA DEL ALMA Y OTRAS SEMILLAS ESTELARES

¿Sientes que no perteneces a la tierra? ¿Has tenido alguna vez una experiencia cercana a la muerte o has recordado cosas que no deberías haber podido recordar? Entonces es probable que estés experimentando lo que cada Semilla Estelar pasa durante la revelación de su verdadera esencia. Una Semilla Estelar es un alma avanzada que ha llegado a la tierra desde otros planetas y otras dimensiones. Su propósito es ayudar a la humanidad en esta difícil época de Ascensión en la que estamos viviendo. Estoy segura de que eso explica muchas cosas sobre tu vida.

Siempre atraída por los misterios de la vida, la ciencia ficción y el espacio, eres sensible y empatizas con los sentimientos de los demás. La mayoría te describiría como una soñadora, probablemente demasiado distante a veces, y un ser extrovertido, con un anhelo de ayudar a los demás. Al fin y al cabo, ésta es tu vocación. Tú has decidido visitar la Tierra, lo que demuestra lo cuidadosa y afectuosa que eres. Crees en los principios más elevados, como el amor y la solidaridad, la igualdad y la ayuda incondicional.

Sin embargo, tu transición a ser un ser humano tuvo un costo importante. El costo no fue otro que el olvido. Olvidaste tu propósito en la vida, lo que hizo que no fueras consciente de los retos a los que te vas a enfrentar. Con el tiempo, los recuerdos surgen y empiezas a conectar los puntos. Es como un rompecabezas y tienes que encontrar las piezas una por una. Aunque puede parecer agotador, con cada nuevo descubrimiento te acercas un poco más a tu objetivo final. Te acercas a descubrir más sobre tu vocación, sobre la verdadera razón por la que estás aquí ahora.

Sé que, para una Semilla Estelar, puede ser realmente solitario aquí en la tierra. Te sientes desubicada, como si no tuvieras un lugar al que llamar hogar. Sobre todo, no puedes comunicarte con los que te rodean. Nadie te entiende, ni siquiera cuando fingen que lo hacen. ¿No sería bueno rodearte de seres afines que estén despertando? Personas con las que puedas compartir todo y con las que puedas conectar de verdad: esas son las personas que serán tu familia del alma. Son muy difíciles de encontrar, pero finalmente te encontrarán o tú los encontrarás a ellos. Los poderes que los acercan son mucho mayores que cualquier obstáculo que se interponga en el camino.

Por supuesto, no hay anuncios que puedas publicar para conocer a otras Semillas Estelares y criaturas despiertas. ¡Ojalá fuera tan fácil! La verdad es que ni siquiera te sientes 100% segura de que eres una Semilla Estelar. Has visto las señales, así que sabes que algo pasa. No eres como los demás. Pero, ¿hay otros u otras como tú? Lo bueno es que lo sabrás muy pronto. Tan pronto como conozcas a otra Semilla Estelar, sentirás como si se conocieran de toda la vida. Tu instinto será correcto, ya que habrán sido compañeras de una dimensión diferente.

Lo más probable es que las Semillas Estelares tengan los mismos intereses que tú. Se sentirán atraídas por el espacio y la vida extraterrestre, les gustará volar y serán muy sensibles. Identificarás en ellas tus propios rasgos. Puedes mejorar tu vida social e intensificar tu despertar acercándote a estas maravillosas personas. De hecho, verás que tu poder se vuelve mucho más fuerte cuando estás cerca de ellas. Recuerda que tú también tienes el mismo efecto positivo en ellas.

Consulta seminarios y eventos relacionados con el espiritismo. Los foros y las salas de chat, los grupos en Facebook y los sitios web pueden ayudarte. Asistir a clases de lectura o actuación, sesiones de meditación y yoga también puede funcionar. Un planetario o un lugar donde puedas observar las estrellas, también son lugares increíbles para encontrar a otras Semillas Estelares. Busca esa vibración única en el aire, en la que sientes que has encontrado las piezas que te faltaban. Es una sensación cálida y acogedora, una sensación de logro. Mejor aún, tú sentirás lo mismo y compartirás esa emoción.

5

TU ALMA REGRESA DE VIDAS
PASADAS

A través de la encarnación, todos hemos pasado por vidas pasadas. Todos estamos en este viaje perpetuo hacia la divinidad. Elegimos venir a la vida como mujeres y la razón para hacerlo es prepararnos para este cambio de conciencia. Deseamos reconectar con la magia y el poder con los que hemos perdido el contacto. Quizás en una vida pasada o paralela fuiste ejecutada o condenada por decir tu verdad o por ser una sanadora natural. Has regresado AHORA porque ya no puedes ser asesinada por esto y ya no puedes ser silenciada.

Hemos venido aquí para recordar a otras mujeres y a todos en el mundo que estamos aquí para elevarnos y equilibrar las energías divinas masculinas y femeninas una vez más, para reclamar nuestro poder y sanar el mundo y las heridas patriarcales que han sido causadas por todos nosotros viviendo en una sociedad predominantemente masculina durante tanto tiempo. Has vuelto encarnada en esta forma, lista para el despertar de la energía femenina divina.

¿Puedes imaginar que hubo un tiempo en el que la gente nos perseguía y nos mataba, condenándonos a una muerte dolorosa? Esto no ocurría porque hubiésemos asesinado, violado o torturado a otros seres humanos. Las mujeres hemos sido perseguidas sólo porque los hombres nos acusaron de brujería. Sí, nuestra sagrada conciencia femenina, debido a la inherente y antigua conexión con la divinidad femenina, nos ha costado muy caro. La gente nos quemaba porque se nos consideraba malvadas.

¿Qué hay de malo en tener el poder de alcanzar lo divino? Se suponía que debíamos ser protegidas, incluso adoradas, debido a nuestra conexión con la divinidad. En cambio, la sociedad quería desterrarnos. No se detendrían hasta borrarnos a todas de la tierra. Fue una persecución verdaderamente sangrienta, ya que no mostraron ninguna piedad. Era como si se sintieran amenazados por nuestra naturaleza única. Así que, en lugar de intentar entendernos, optaron por luchar. No querían verse despojados de su poder, y nosotras demostrábamos que éramos dignas de aceptar incluso el mayor desafío.

Afortunadamente, hemos encontrado un camino de vuelta para reclamar lo que es nuestro. Aunque hemos sido perseguidas y completamente incomprendidas a lo largo de la historia, siempre nos hemos recuperado, más fuertes que nunca. A lo largo de la historia, a menudo se encuentran los crímenes organizados cometidos contra las mujeres. Sin el más mínimo esfuerzo por validar las acusaciones destinadas a destruirnos, los hombres siguieron golpeando. Y nosotras seguimos recibiendo los golpes, preparándonos para contraatacar con más fuerza.

Ahora, ha llegado nuestra hora. Tenemos que invertir la situación actual y recuperar lo que claramente nos han quitado. Somos diosas, somos elegidas, tenemos derecho al poder y a la felicidad. ¿Por qué hemos esperado tanto tiempo? Necesitamos tiempo para que la rueda gire. El cambio no puede producirse de la noche a la mañana. Hemos estado esperando pacientemente, utilizando la encarnación para tomar una forma femenina y reclamar nuestros derechos. Y ahora, por fin, ha llegado el momento de cosechar los beneficios de nuestra larga espera.

¿Estás preparada para tomar conciencia de tus vidas pasadas? ¿Sientes la necesidad de comprender verdaderamente lo que significa ser TÚ? Si es así, puedes avanzar al siguiente paso. Se espera que limpies tu alma interior antes de ahondar en los tesoros de tu existencia pasada. Antes de conocer lo que te ha sucedido, es crucial que prepares el camino cuidadosamente. Limpia el karma de tus vidas pasadas y prepárate para avanzar. Es tu momento de brillar, así que no dejes que nada te retenga y te ahogue en la negatividad.

LIMPIA EL KARMA DE TUS VIDAS PASADAS

TÓMATE UN MOMENTO PARA PENSAR EN UN PROYECTO EN EL QUE llevas años trabajando. Si no has sentado las bases adecuadas, pronto te darás cuenta de que todo tu esfuerzo podría desmoronarse. Es justo suponer que hay que tener cuidado a la hora de estructurar todo el asunto. De lo contrario, probablemente será una causa perdida. Considere ahora que has invertido una cantidad significativa de tiempo, sólo para descubrir que has estado trabajando en una ilusión. Esto puede ser, como mínimo, devastador.

Lo mismo ocurre en la vida real. No puedes esperar avanzar a menos que hayas resuelto con éxito los problemas de tus vidas pasadas. Cualquier cosa que hayas arrastrado, cualquier cosa que haya quedado sin resolver, es una bomba de tiempo. Puede que no explote de inmediato, pero acabará por estallar. Así que debes actuar de inmediato y asegurarte de que no tienes ningún peso que te arrastre. Debes liberarte de todos esos asuntos de tu pasado. Esta es la única manera en que puedes esperar tener éxito en alcanzar tu poder divino.

Cuando guardas rencor, estás dañando tu karma de manera grave. De forma similar, la amargura puede herirte emocionalmente e impedirte alcanzar tu divinidad. Aunque pueda sonar tentador, necesitas alejarte de desear el mal a los demás en su camino por la vida. Esto no es lo que eres. Además, debes estar agradecida por todo lo que te sucede. Esto incluye no sólo las cosas buenas, sino también las dificultades por las que pasas. Si te llega algo positivo, eres libre de disfrutar y valorar esos momentos. Por otro lado, cuando te llegue algo negativo, agradece el reto. Es una gran oportunidad que te permite crecer y madurar.

Los pensamientos negativos son horribles, porque te envenenan por dentro. No te permiten experimentar la euforia y la relajación. En cambio, te rodean de energía no deseada. Esto no es algo que necesites en tu vida, así que no invites a esa energía a venir. Lo mejor que puedes hacer es dejar de lado la negatividad. Céntrate en los pensamientos positivos, el optimismo y, en caso de duda, haz una lista de todas las cosas buenas que tienes en tu vida. Seguro que superarán a las cosas malas y así verás la luz al final del túnel.

El karma tiene que ver con las acciones y reacciones que las elecciones traen a tu vida. Si has estado tratando a los demás como basura, no puedes esperar que el universo te trate de forma diferente. Así que para limpiar tu karma, lo mejor es filtrar tu comportamiento y evaluarlo en consecuencia. Sé amable con la gente, sonríe y trátala con respeto. Ser cariñosa y atenta nunca está de más. De esta manera, te librarás de todo el desorden con el que estás lidiando emocional y espiritualmente.

Por último, no puedo dejar de insistir en la importancia de perdonar a los demás. A veces, es difícil hacerlo. Hay comportamientos que no puedes ignorar. La gente puede ser muy dura y cruel. Pero la venganza sólo empeorará las cosas. Seguirás sintiéndote amargada por dentro, ya que nunca conseguirás un cierre. Al contrario, volverás a repetir el mismo escenario, pensando en lo que te ha llevado a sentirte así. No te mereces estar atrapada en esa posición. Así que supéralo, perdona y deshazte de lo que te ha estado agobiando.

Ahora que sabes cómo limpiar tu pasado, es el momento de sumergirnos en nuestras vidas pasadas. Una forma maravillosa de hacerlo es a través de la terapia de regresión a vidas pasadas. Esto puede hacer maravillas para ti, suponiendo que hayas comprendido plenamente de qué estás hecha. En otras palabras, necesitas haber completado la limpieza de tu karma y, por supuesto, debes haber aceptado ser una Semilla Estelar. ¿Estás emocionada? Yo sé que sí. Pasemos al siguiente paso, ¿de acuerdo?

Regresión A Vidas Pasadas

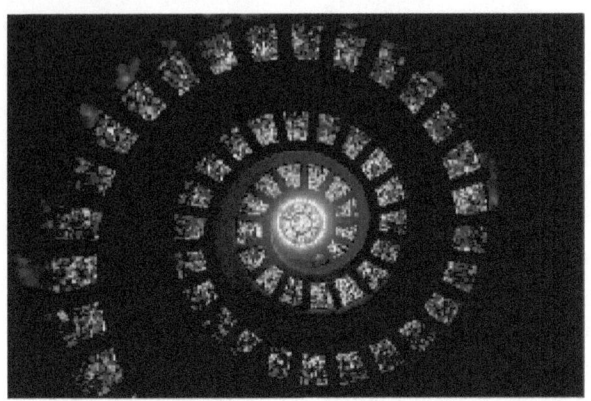

La Regresión a Vidas Pasadas te guiará hacia el descubrimiento de secretos ocultos sobre tus vidas pasadas. Has tenido miles de ellas, así que es justo que aprendas más sobre cómo has vivido a lo largo de la eternidad. Sin embargo, no puedes simplemente pedir y recibir. El proceso es un poco más complicado. En primer lugar, tienes que despejar tu mente por completo. Antes de conseguir este cambio de conciencia, debes asegurarte de que las condiciones sean las ideales. No quieres que ninguna distracción te interrumpa tu viaje previsto, ¿verdad?

Elige un lugar donde te sientas cómoda. Lo más probable es que sea tu casa, pero puedes elegir otro lugar, si lo prefieres. A continuación, ponte algo de ropa también cómoda y liviana. Un pijama acogedor, una camiseta y unos pantalones de yoga o leggings están bien. Sólo recuerda que debes despejar tu mente de cualquier distracción, incluidas las procedentes del entorno que te rodea. Siente la temperatura de la habitación que has seleccionado. ¿Está demasiado fría o demasiado caliente? ¿Hay malos olores que puedan desconcentrarte durante la sesión?

Después de haber creado el ambiente perfecto, tendrás que sentarte cómodamente y cerrar los ojos. Si quieres, puedes poner música relajante de fondo, así como velas o inciensos de aroma suave. Es importante estar a solas con tus pensamientos. Ahora mantén los ojos cerrados y deshazte de la tensión. Deshazte de cualquier pensamiento que te haya preocupado. Ahora es el momento de concentrarte en tu respiración y sólo en tu respiración. Cada vez que inhales, piensa en la flor de loto. Cada vez que exhalas, esa flor de loto se abre y revela su verdadera belleza.

Poco a poco, pero de forma constante, notarás que tu respiración se vuelve más profunda. Sientes eso y nada más. Te has vuelto consciente de tu existencia, apreciando el momento y viviendo sólo para eso. Ha llegado el momento de dejarse llevar y ascender lejos. ¿Estás preparada para ese viaje? Volar es divertido, especialmente cuando dejas tu cuerpo y te elevas por encima del suelo a través de tu alma de luz. Te alejas de la gravedad y absorbes todo lo que te rodea. Es un espectáculo para los sentidos viajar a una dimensión diferente.

Una vez que llegas a tu destino, debes elegir en qué vida pasada vas a profundizar. Hay puertas que conducen a tus vidas pasadas, por lo que debes seleccionar cuál abrir. Como se ha mencionado anteriormente, has pasado por múltiples vidas diferentes. Seguro que no todas han sido igual de importantes. Evalúa tus necesidades y preferencias, averiguando hacia dónde quieres ir. En cuanto tomes tu decisión, debes descender de nuevo a la tierra. Observa una vez más lo que ocurre a tu alrededor, captando cada detalle. ¿Puedes ver hacia dónde te diriges? Esto es muy emocionante.

Al llegar a la línea de tiempo de tu vida pasada, experimentarás tu nacimiento. No tengas miedo de las emociones que vas a sentir. Serán intensas, pero debes valorarlas. Trata de retener estos recuerdos, en cuanto a lo que sentiste al nacer. ¿Fue doloroso, o fue relajante y dichoso? Sea como sea, mantén los ojos abiertos y observa los detalles. ¿Están tus padres contigo? ¿Dónde estás? ¿En qué parte del mundo estás? Antes de que te des cuenta, tu vida pasará rápidamente. Se desplegarán ante ti imágenes con las cosas más significativas que han sucedido en tu vida y tendrás que atar cabos.

¿Eras una buena persona? ¿Estabas sana? Éstas son sólo algunas de las preguntas que tendrás que responder a lo largo de tu viaje. Al viajar hacia tu pasado, recuperarás recuerdos que te ayudarán en tu vida presente y futura. Se trata de una información muy valiosa que no podrías obtener en otro lugar. Así que reúne todos los detalles posibles y trata de darte cuenta si fuiste digna de recordar. Lo más probable es que una Semilla Estelar sea estelar.

En el gran final, tendrás que revivir tu muerte. Esto puede ser una experiencia dolorosa, pero es imprescindible que no rehúyas la experiencia. Intenta averiguar si tuviste una muerte tranquila, si eras mayor de edad, si tenías a tus seres queridos a tu lado. Se trata de datos realmente valiosos, ya que han dejado su huella en lo más profundo de tu ser, aunque no seas capaz de recordar los detalles. Estás viendo tu vida desde una perspectiva más elevada. Cuanto más sepas sobre quién fuiste, mejor. Puede parecer que te asfixias, pero al final estarás bien, como nueva y con todas las valiosas lecciones que habrás aprendido por el camino.

Ahora, una vez que hayas completado este ciclo de vagar por tu vida pasada, se te pedirá que regreses. No puedes quedarte allí para siempre, ya que ya has experimentado todo en esa vida. Lo único que puedes hacer es usar ese conocimiento a tu favor, volviéndote aún más sabia y madura que antes. Es esa sabiduría la que permanecerá contigo de ahora en adelante, ayudándote en tu lucha por alcanzar tu naturaleza divina. Te estás despertando lentamente, abrazando tu lado femenino y avanzando al siguiente paso de la conciencia.

Después de haber concluido el viaje, ascenderás una vez más lejos en diferentes dimensiones y luego comenzarás tu descenso a tu vida actual en la tierra. Disfruta del paseo y trata de aferrarte a lo que has desvelado a lo largo de esta experiencia. Cuando abras los ojos después de que la regresión a vidas pasadas haya terminado, probablemente te sentirás conmocionada. Te sentirás abrumada por los conocimientos recién adquiridos. Es cierto que no puedes haber previsto todo eso. Tal vez nunca hubieras esperado haberte encarnado como una figura masculina en el pasado. Quizás nunca habías imaginado que podías haber sido artista, filósofa, ama de casa o carpintera.

Primero, debes lidiar con el impacto y llegar a un acuerdo con quien hayas sido en tu vida pasada. Luego, revisa tus comportamientos pasados. Hay patrones que pueden ayudarte a interpretar tus hábitos actuales. ¿Qué pensarías sobre las cicatrices que han permanecido intactas con cada encarnación tuya? Asuntos no resueltos que básicamente definen quién eres y cómo reaccionas. Estos problemas deben resolverse, de lo contrario, seguirán persiguiéndote. Por eso es tan crucial recopilar información de tus vidas pasadas, para que puedas enfrentar estos desafíos ahora. Reprograma y mejora tu conciencia, ganando más sabiduría y encontrando los recursos necesarios para elevar tu existencia.

Cuanto más conoces la sabiduría de vidas pasadas, más poderosa te vuelves y más capaz eres de superar los desafíos que debes enfrentar en esta vida. Cumple con tus expectativas, vuela y demuestra de qué estás hecha. Eres divina, así que no dejes que nadie te diga lo contrario. En primer lugar, debes amarte a ti misma y creer en tu poder. Si no lo haces tú, entonces, ¿quién lo hará?

❧ 6 ❧

ÁMATE A TI MISMA, DESPIERTA TU SEXUALIDAD Y DESATA TU INSPIRACIÓN CREATIVA

¿**H**as estado reprimiendo tus sentimientos durante toda tu vida? Tus heridas de la infancia pueden haber surgido de otras vidas pasadas, o pueden haber sido el resultado de años y años de abusos. Esto es perfectamente comprensible, ya que nadie puede hacer nada con su pasado. Los niños son impotentes, frágiles y fáciles de moldear. Los adultos están destinados a escudarlos y protegerlos. Sin embargo, no siempre es así. Algunas familias son responsables de crear heridas profundas que nunca parecen curarse. Los niños crecen pensando que no valen nada y que no merecen nada bueno en su vida.

Los niños traumatizados van camino de convertirse en adultos traumatizados. Un sinfín de complejos, sentimientos de inferioridad y pensamientos negativos inundan su mente. Sin embargo, hay una gran diferencia entre la infancia y la edad adulta. La primera viene acompañada de una sensación de impotencia a priori. En cambio, la segunda no debería ser igual. Eres una persona adulta, capaz de tomar tus propias decisiones. Tienes el poder necesario para detener ese círculo vicioso y reclamar lo que te corresponde. No hay lugar para la autocompasión. ¿Por qué ibas a compadecerte de ti misma? Si algo no te conviene, cámbialo.

Cuando se trata de estabilidad emocional, las viejas heridas pueden ser muy drásticas. Resultan demasiado difíciles de superar, y te ahogan en la negatividad. Como resultado, no crees en tu valor y sigues dependiendo totalmente de lo que los demás piensen de ti. En el pasado, fue tu padre quien te acusaba de ser imbécil. Fue tu madre la que nunca te mostró afecto. Fueron tus compañeros de clase los que te insultaron e intimidaron. Ahora, ¿quién ha ocupado su lugar? ¿Quién te acosa ahora?

El autodesprecio no es para ti. Tú no eres la víctima. Aunque hayas experimentado algunas vivencias negativas en el pasado, eres totalmente capaz de revertir la situación. ¿Crees que eres indigna? Esto es algo en lo que tienes que trabajar. De lo contrario, la historia se repetirá y descubrirás que estás viviendo lo mismo una y otra vez. Defiéndete a ti misma, defiéndete del acoso y haz honor a lo que representas. Este es tu momento, no lo olvides.

Siendo mujer, comprendes los sentimientos que experimentas, y se espera que los afrontes. Debes liberarlos para no permitir que te sigan haciendo daño. Por muy crueles que sean estos sentimientos, por mucho dolor que te hagan pasar, tienes que levantarte. La única solución para deshacerte de estas emociones negativas es reconocerlas. Si sigues reprimiendo y escondiéndolas en lo más profundo de tu alma, nunca te sentirás completa. Siempre te faltará algo. Tratar con tus emociones es esencial para tu bienestar y la comprensión de tu verdadero valor. Estas emociones son a menudo oscuras y frías, pero aun así necesitas abordarlas, procesarlas y finalmente eliminarlas.

Quienes hayan sido los responsables de tu sentimiento de inutilidad, no deben pertenecer a tu vida. Establece límites y no caigas en el truco más viejo de todos. No dejes que los demás determinen quién eres. En su lugar, muestra al mundo lo que defiendes y esto se reflejará en los demás. El resto del mundo te verá por lo que eres, allanando el camino que tú quieres recorrer. Como puedes ver, tú tienes las llaves de tu libertad, o de tu cautiverio. Tienes las llaves de tu felicidad, o de tu miseria.

Cuando se trata de relaciones románticas, las cosas pueden

ponerse feas muy rápidamente. Una relación tóxica puede envenenarte y esto es algo que definitivamente no mereces. ¿Por qué aguantar este tipo de comportamiento? Si tu pareja no está a la altura de tus exigencias, deberías pensártelo dos veces antes de dejar que ocupe un lugar tan preciado en tu vida. Ser tu pareja es un honor y la otra persona debería estar agradecida. No te corresponde mendigar, ni ofrecer una oportunidad tras otra. Una pareja debe estar en perfecta sintonía con el otro, permitiendo que ambos florezcan y sean mejores. Lo que necesitas de tu relación es tranquilidad, seguridad y amor, respeto y afecto. ¿Reúne esta persona esas condiciones para ti o no?

Suponiendo que tengas dudas sobre la calidad de tu relación, ya tienes la respuesta en tus manos. Sal de esta relación tóxica, antes de que empeore. Debes sentirte segura cuando estás con tu pareja, no prolongar tu inseguridad. Un hombre que quiere estar en tu vida te lo demostrará con cada oportunidad que tenga, no te generará más pensamientos negativos y miedos. No te conformes con menos de lo que te corresponde. Te mereces mucho y no debes parar hasta encontrar lo que te mereces.

Antes de que te des cuenta, encontrarás tu verdadero propósito en la vida y ni siquiera recordarás lo que te trajo el pasado. Hay personas que marcan la diferencia y otras que llegan a tu vida sólo para demostrar que no todos somos iguales. ¡Adivina a quién debes introducir en tu vida! En este libro encontrarás toda la ayuda que necesitas para considerar cuáles son tus pasiones y cómo puedes incorporarlas a tu vida. ¿Cuáles son las cosas que más te inspiran? ¿Qué te gusta hacer? Puedes encontrar actividades intrigantes, perseguir tus sueños o experimentar con cosas diferentes en tu rutina diaria. Tarde o temprano, tus pasiones surgirán.

Sólo así conseguirás ese sano equilibrio en tu vida. Si no alcanzas ese grado de amor propio, no podrás tener grandes aspiraciones. Por el contrario, te autolimitarás y evitarás alcanzar tu verdadera grandeza. Todas esas barreras que aparecen en forma de personas inadecuadas seguirán pasándote factura. ¿Estás dispuesta a dejar que se apoderen de tu vida? No lo creo. Estás hecha para alcanzar tu divinidad. Entonces, ¿cómo puedes conformarte con menos que eso? Todo está ahí para que lo tomes. Sólo tienes que extender la mano y coger lo que quieres. Este será el comienzo de cosas increíbles que te sucederán.

Una vez que hayas encontrado tu equilibrio, revelarás todo un nuevo mundo de posibilidades. Tendrás la oportunidad de activar, potenciar y disparar tu sexualidad y creatividad. Te sentirás como una persona totalmente nueva y diferente, lista para enfrentarse al mundo. Cuando encuentres a alguien con quien compartir este nuevo mundo, habrás adquirido todas las herramientas necesarias para sacar el máximo partido a tu relación. Ya no tendrás miedo ni culpa. Al contrario de lo que puedas creer sobre ti misma ahora, habrás descubierto que eres increíble y que te mereces el mundo entero. Todo eso viene del proceso de inspiración creativa al abrir tus chakras.

ABRE TUS CHAKRAS Y ÁMATE A TI MISMA

¿Estás preparada para amarte a ti misma? Lo sé, a veces puede ser difícil. Sin embargo, recuerda que eres única. Piensa en tu viaje, en todas esas vidas pasadas unidas. Esta sabiduría concentrada, derivada de innumerables vidas, se ha convertido en tu posesión ganada a pulmón. Estás equipada para afrontar la vida con confianza, amor propio y aprecio. Tu compañero se unirá a ti, en una aventura que ambos atesorarán. No hay lugar para mirar atrás, no hay lugar para el odio a una misma y las interminables dudas que se interponen en el camino de tu felicidad.

Abre tus chakras para disfrutar al máximo de tu relación. Hay siete chakras que tendrás que abrir de tu cuerpo, mejorando tu flujo de energía y viendo los beneficios en tu conexión con tu pareja. No retengas tu placer sexual, no tengas miedo de liberar ese poder. Descubrirás que desbloquear esas partes de tu cuerpo te ayudará a alcanzar la divinidad sexual, ganando control sobre

cada centímetro de tu cuerpo de una manera mágica, casi trascendental.

El primer chakra es la raíz, al final de tu columna vertebral.
Significa el nivel de confianza que cultivan entre tú y tu pareja. No
puedes estar con una persona en la que no confías, ¿verdad? Disfruta
de la aromaterapia y quema incienso Muladhara, así como aceites
esenciales. El sándalo, el jengibre y el ciprés son excelentes para ello.
Repite afirmaciones que tengan efectos positivos sobre la seguridad,
para desarrollar esa sensación de seguridad a tu alrededor y transmi-
tirla a tu relación. "Estoy segura", "No tengo miedo", "El universo
me protegerá", "Amo mi cuerpo y a mí misma" son sólo algunas de
las afirmaciones que puedes utilizar, tantas veces como te apetezca.
Practica el yoga y céntrate en posturas como la del guerrero, la
escuadra, la montaña o la diosa.

El segundo chakra es el sacro, que tiene que ver con la aceptación. En este caso, necesitarás incienso Svadhisthana y aceites esenciales para quemar. La manzanilla, el pachulí y la rosa, son opciones
espléndidas. Ahora debes repetir afirmaciones que sean relevantes
para tu naturaleza sensual y creativa. "Abrazo el cambio", "Merezco
experimentar el placer sexual y la diversión", "Me siento cómoda en
mi cuerpo" te funcionarán de maravilla.

El ángulo atado y el bebé feliz son las mejores posturas de yoga
para sanar tu chakra sacro.

Pasando a tu tercer chakra, que es el solar y significa el agradecimiento. Este es otro elemento crucial en una relación. El incienso
Manipura y los aceites esenciales están puestos en orden aquí, así
que elige entre la canela, el almizcle y el azafrán. Debes repetir afirmaciones sobre tu propio poder personal. "Soy ambiciosa", "Soy
capaz de asumir cualquier desafío" y "haré cambios positivos en mi
vida", te ayudarán a desbloquear este chakra. En cuanto a las
posturas de yoga, opta por los saludos al sol, la postura del guerrero
y el barco.

Obviamente, el cuarto chakra es uno de los fundamentales en el
amor. Es el chakra del corazón, que tiene que ver con la pureza del

amor y el afecto que se experimenta en la relación. La naranja, el jazmín, la lavanda son aromas inspiradores que te van muy bien, ya que debes quemar incienso Anahata y aceites esenciales. Las afirmaciones que desbloquean tu corazón incluyen "estoy abierta al amor", "me quiero a mí misma y quiero a todas las demás personas" y "me perdono a mí misma y a los demás". El yoga te ayudará a dirigir tu corazón hacia el cielo, por lo que las posturas perfectas para ello son el camello, el puente y el perro mirando hacia arriba.

La garganta es el quinto chakra, que muestra la expresión positiva y la admiración. La pareja debe apoyarse mutuamente y expresar sus pensamientos, su respeto y su amor de una forma que sane el alma. La salvia, la menta y el eucalipto son perfectos para quemar junto con el incienso y los aceites esenciales Vishuddha. A través de las afirmaciones, debes centrarte en la apertura en la comunicación. Prueba con "Me comunico con honestidad", "Escucho activamente" y "Escucho de forma activa cuando me comunico". La postura del pez, la del camello y la del arado son posturas de yoga estupendas que puedes probar para concentrarte en la garganta y la tiroides.

El chakra del tercer ojo es el sexto en la línea, y representa la armonía. Una relación debe construirse sobre la base de la armonía, de lo contrario no puede durar mucho tiempo. Para desbloquear ese chakra, debes quemar incienso Ajna y aceites esenciales. La mirra, la nuez moscada y la hierba de San Juan son excelentes. Tus afirmaciones deben girar en torno a la conciencia y a la confianza en tu intuición, abriendo tu tercer ojo. "Dejo que mi intuición me guíe", "Confío en lo que siento" y "Mi verdad espiritual me guía" son todas acertadas. Las posturas del delfín, de la langosta y del niño te ayudarán mucho en tu objetivo de alcanzar ese nivel superior de conciencia en el yoga.

Por último, la coronilla. Este chakra representa la conexión, que es la quinta esencia de una relación. Te ayuda a permanecer conectada y construye un muro a tu alrededor, para que te sientas segura e íntima con el otro. Quema incienso Sahaswara y aceites esenciales, como incienso, mirra y alcanfor. Tus afirmaciones aquí deben ser relevantes para la iluminación y la conexión profunda y espiritual contigo misma y con los demás. "Me guía mi yo espiritual superior", "Me siento conectada al universo" y "Soy una extensión del universo" son todas excelentes. Por último, pero no menos importante, en el yoga debes seleccionar posturas de meditación, como las de loto, medio loto y la postura del árbol.

Ahora ya sabes cómo abrir tus chakras y perseguir tu sexualidad y creatividad.

EJERCICIOS ÚTILES PARA AÑADIR A TU RITUAL MATUTINO

TU CUERPO ES SAGRADO. HAY QUE HONRARLO Y RESPETARLO EN lo más profundo. No dejes que nadie te diga lo contrario. Si quieres elevar tu sexualidad y disfrutar de los beneficios de la seducción, puedes hacerlo mediante ejercicios específicos. De hecho, puedes añadir esos ejercicios a tu ritual matutino y recurrir a ellos, siempre que necesites orientación.

• Algo interesante que puedes hacer para encender esa energía sexual dentro de tu cuerpo es conseguir un diario o un papel en blanco y escribir la palabra "Seductora". Al fin y al cabo, esto es lo que estás tratando de desbloquear, tu seducción interior, que magnetiza a los demás y te hace sentir imparable. A continuación, puedes empezar a escribir palabras que te parezcan relevantes para la "Seductora". ¿Qué connotaciones te trae esa palabra? Hazlo y verás que la chispa se aviva. Recibirás esas palabras y las encarnarás, en lugar de tenerlas sólo en tu mente. Se liberarán y tendrás la oportunidad de disparar tu sexualidad.

• La sensualidad se puede potenciar mediante otro ejercicio muy útil. Siéntate con las piernas cruzadas y empieza a respirar lentamente. Inhala y exhala sin prisa. A continuación, puedes moverte en el sentido de las agujas del reloj, inspirando cuando te mueves hacia dentro y exhalando cuando te mueves hacia fuera. Cuando hayas sentido esa energía sensual trabajando para ti, haz lo contrario. Este movimiento creará energía sexual. En cuanto nos demos cuenta de que hemos creado suficiente energía para servir a nuestro propósito, nos permitimos sentirla. De nuevo, con las piernas cruzadas, deslizamos la parte superior del cuerpo hacia delante y luego hacia atrás, sin mover la pelvis. Por último, respiramos profundamente mientras intentamos experimentar la energía que hemos creado.

• El ejercicio del suelo pélvico es otra opción maravillosa que potencia tu sexualidad y creatividad. Te tumbas en el suelo, asegurándote de tener una alfombra o una esterilla debajo de ti. Puedes colocar una almohada justo debajo de los muslos o debajo de las rodillas. Abre las manos, pon los pies en el suelo y dobla las rodillas. Ahora debes conectar tu cuerpo a tierra. Empieza por los hombros, prestando atención a tu respiración al mismo tiempo. Baja un poco los hombros y continúa con la columna vertebral. Siente cómo se alarga, hundiéndose bajo la superficie. A continuación, avanza con las caderas y los muslos, las pantorrillas y los talones. Concéntrate primero en el lado derecho y luego en el izquierdo. A continuación, siente que la luz brilla por todo el cuerpo y dirige los rayos de luz a la zona pélvica. Al inhalar, la luz se hunde más y se acerca a la pelvis. Aprieta y suelta la energía. Ahora piensa en esto. La luz que has sentido dentro de tu pelvis se convierte en una rosa florecida. ¿Qué haces? Te sientas cómodamente, dejando más espacio para la flor. Lentamente, respira profundamente y repite este movimiento expansivo. Cuando te sientas completa, vuelve a tu posición inicial y experimenta esa preciosa relajación.

❧ 7 ❧

ABRAZA TU FEMINIDAD

En este capítulo voy a centrarme en la feminidad como virtud, instándote a abrazarla y a estar orgullosa de lo que eres. Supongo que a estas alturas ya te has dado cuenta de lo que significa la feminidad. Estás buscando la manera de liberar tu feminidad al mundo. El hecho de que salgas del armario como una verdadera mujer puede llenarte de miedo y ansiedad. La sociedad moderna no ve con buenos ojos a las mujeres que han abrazado su estilo femenino. Al contrario, a menudo hay referencias a las mujeres que las hacen parecer caricaturas; muchas son ridiculizadas por lo que hacen en su vida. A lo largo de los años se han desarrollado demasiados estereotipos. Una mujer femenina se viste de rosa, es algo tonta o superficial, no tiene poder físico y depende del hombre para obtener ayuda en todo lo que hace.

Sin embargo, la feminidad es mucho más que eso. No debes tener miedo de mostrar tu lado femenino. Al contrario, debes aceptarlo, porque es tu superpoder. Sin él, serías una persona común y sin brillo. Gracias a la feminidad, eres elegante y con estilo, eres sensible y cariñosa, eres inteligente y estás llena de confianza, esperanzas y sueños, eres maravillosa. A menos que dejes de confiar en lo que piensan los demás, nunca podrás esperar liberar tu mente y liberar tu verdadero poder en el mundo. Créelo, ahora que tu despertar está teniendo lugar, puedes prosperar y disfrutar de tu vida a pleno.

Tu energía femenina determina mucho de ti misma. Si disfrutas de ser mujer, no hay razón para retener ese placer. Es tu derecho moldear tu personalidad de la manera que desees. ¿Por qué tienes que reprimir tus verdaderos sentimientos? No hay razón para sentir culpa o vergüenza por las discriminaciones que hemos sufrido durante mucho tiempo. Los tiempos han cambiado y este es nuestro momento. No importa cuán severamente hayas sido traumatizada, no importa cuánta vergüenza hayas sentido en el pasado, este es el momento de dejar ir todo lo malo y creer en tu energía femenina única. Atrévete a ser femenina, a pesar de lo que puedan decir los demás. ¿A quién le importa?

Entiendo que algunas mujeres pueden rechazar la feminidad, debido a una situación traumática que han vivido en el pasado. Esto es un mecanismo defensivo y no debes depender de eso. No desperdicies tu vida, conformándote con algo que te hace sentir menos feliz de lo que te sentirías con la liberación de tu energía femenina. Las características masculinas suelen considerarse mejores, en términos de seguridad y tradición. La mayoría de la gente las prefiere a los rasgos femeninos más sensibles.

Para que puedas abrazar tu feminidad, primero debes darte cuenta de dónde surge. Para ello, necesitarás responder a algunas preguntas. Así que tómate un momento y piensa en las respuestas a las siguientes preguntas: *¿Disfrutas siendo mujer?,*¿Qué parte de la feminidad te gusta y qué parte de ella te hace sentir mal?, *¿Cuándo empezaste a pensar en la feminidad?, *¿Dónde te gustaría estar dentro de cinco años?, *¿Quién te enseñó a ser femenina? y *¿Eres realmente femenina? Todas estas son grandes preguntas para provocar esa conversación interior contigo misma. Es importante que reconozcas tu feminidad y que sepas cuándo te falta. Te darás cuenta de que, hasta cierto punto, tienes prejuicios contra la feminidad, debido a las representaciones negativas de la sociedad y a la discriminación hacia las mujeres.

AHORA QUE TIENES UNA IDEA MÁS CLARA DE LO QUE ES LA feminidad, ¿por qué no te centras en quién o quienes te han influido para formar tu opinión sobre la feminidad? Si tienes miedo de abrazar la feminidad, probablemente alguien ha contribuido a tu opinión. Es posible que hayas sufrido discriminación dentro de tu familia, en la escuela o por parte de tus compañeros. Las cosas empeoran cuando las personas a las que más admiramos resultan ser críticas. De este modo, a menudo cambiamos nuestro punto de vista y suprimimos nuestras propias creencias, para mantenerlos contentos y satisfechos.

Incluso en el caso de un trauma, puedes replantear tu feminidad. Esto ocurre a través de un proceso que puedes hacer por ti misma. Sé que has sido herida, debido al hecho de que vivimos en una sociedad patriarcal. Sin embargo, hay aspectos de la feminidad que todavía te atraen. Hay detalles que te hacen querer ser femenina. Averigua cuáles son esas cualidades y aférrate a ellas. Ser femenina no es sólo ser una chica. Eres creativa y hermosa, eres cariñosa y cuidadosa.

Las mujeres tienen todas estas impresionantes cualidades, que las hacen divinas. Somos realmente únicas en el mundo. Desde que existe la humanidad, las mujeres han prosperado y han sido adoradas por sus cualidades. Se las adoraba por todo lo que representaban. Su conexión con la divinidad, sus poderes curativos, su compasión y su perspicacia, su empatía e intuición, su sabiduría y afecto, eran elementos que elevaban a las mujeres al pedestal que les correspondía. Sin embargo, las cosas estaban destinadas a cambiar. Los hombres se vieron amenazados por el dominio de las mujeres. Se sentían cada día más inferiores y no podían soportarlo. Este ha sido el motor de la instauración del patriarcado. A través de acusaciones, falsas interpretaciones, sabotajes y enfrentamientos, los hombres se hicieron con el poder.

Ha pasado mucho tiempo desde la época en que el patriarcado se convirtió en la norma en las sociedades de todo el mundo. Las mujeres se vieron obligadas a comprometerse por menos, a ser rebajadas a una categoría inferior, hasta que empezaron a reclamar lo que les correspondía. Esto ocurrió gracias al feminismo. Este movimiento sacudió los cimientos de las sociedades modernas y trajo consigo enormes cambios en la forma de interactuar de ambos sexos. Sin embargo, hay una diferencia importante que no podemos ignorar. A través del feminismo, lo que las mujeres reclamaban y recibían era relevante para sus rasgos masculinos, no para los femeninos. Las mujeres estaban ansiosas por vivir sus vidas como los hombres, lo que han conseguido en gran medida hasta ahora. ¿Pero ha sido para su propio bien? Yo creo que no. Las mujeres querían imitar el comportamiento masculino, aunque su propósito es totalmente diferente. Somos totalmente diferentes. De hecho, complementamos a los hombres, no nos oponemos a ellos y no queremos ser ellos. Tanto los valores femeninos como los masculinos son hermosos, por lo que no debemos abolir ninguno de ellos.

Has aceptado la feminidad y estás deseando aplicarla en tu vida diaria. Hay millones de maneras de hacerlo. Escoge las que realmente te gusten y ve a por ellas. Empieza a prestar atención a lo que llevas puesto, para que cada prenda represente lo que eres de forma femenina. Después, puedes redecorar tu casa o sólo tu espacio personal. Puedes reorganizar la cocina o cambiar tu corte de pelo, teñirte o empezar a esculpirte las uñas. Los pequeños detalles pueden hacer maravillas para cambiar la forma en que te sientes por dentro, así como la forma en que te ves e irradias tu energía.

Volverás Locos A Los Hombres

¿Te gusta ser mujer? Entonces tu lado femenino es celebrado y apreciado. Esto es muy bueno. Debes saber que expresar tu energía femenina vuelve locos a los hombres. Hay muchas cosas que puedes hacer para disparar su libido y hacer que te deseen como locos. Lo mejor es que no tienes que fingir. Sólo tienes que dar libertad a tu sensualidad y ajustar un poco tu comportamiento, para atraerlos más de lo que jamás has imaginado. Veamos algunos consejos útiles que te permitirán conseguir que tu hombre no piense en nadie más que en ti, las 24 horas del día.

Lo primero y más importante es que te sientas cómoda en tu feminidad. Respira despacio, sé suave y cálida. De nada sirve vestirse de forma sexy, si no puedes soportarlo sin sentirte incómoda. Estás hecha para hacer cosas que te gustan, no para que los demás las encuentren atractivas. Nadie debe reprimirte y eso te incluye a ti misma. En lugar de eso, asegúrate de que te sientes cómoda con trajes elegantes, presta atención a tu pelo y maquillaje, haz cosas que aumenten tu confianza y autoestima. De este modo, no sólo estarás estupenda, sino que te sentirás que vales un millón de dólares.

A continuación, debes ser capaz de decir "no". Al principio, puede que te sientas mal por rechazar una sugerencia o por seguir con tus propios planes, en lugar de adaptarte a la rutina de tu pareja.

Sin embargo, piénsalo de otra manera. Como mujer, puede que hayas pensado que debes ser sumisa. No es así. Tienes tu propia vida. Tienes poder e independencia. Así que puedes tener tus propios intereses, tus gustos y disgustos. Si estás demasiado cansada para salir esta noche, quédate en casa y date un largo baño. No te pongas al límite, simplemente porque quieres complacer a tu hombre. Él lo entenderá. De hecho, estará encantado de ver que no dependes de él. Lo más probable es que consigas que te desee aún más, después de haberte negado a salir un par de veces.

Al igual que en el consejo anterior, puedes probar hacer algunos compromisos por él, pero sólo después de hacérselo saber. Por ejemplo, puedes probar la comida mexicana, aunque nunca hayas pensado en hacerlo debido a las especias tan fuertes. "Normalmente, nunca iría a un restaurante mexicano, pero voy a hacer una excepción por ti", parece un gran cumplido para él. "Normalmente prefiero el senderismo, pero claro, podemos ir en bicicleta de montaña si quieres. Puedo probar esto", "Hm, siempre pido un Martini, pero ahora probaré lo que tú tomas por primera vez", son sólo algunas de las formas en las que puedes hacerle sentir especial. Como te hace experimentar algo diferente por primera vez, se sentirá extraordinario, ¿verdad?

Lo siguiente que puedes hacer es permitir que tu hombre haga algo por ti. Sé que esto suena casi como algo trillado, que sucede comúnmente en la vida. Las mujeres hemos aprendido por la vía dura a ser fuertes e independientes, expresando nuestra energía masculina siempre que sea posible. Sin embargo, tienes que retorcer un poco eso, sólo como un recordatorio de que eres femenina y necesitas protección. No hay nada malo en mostrarse vulnerable a veces. Por supuesto, no debes irte a los extremos y parecer indefensa. Sólo un poco. "¡Oh, qué amable de tu parte que hayas cocinado la cena, estaba demasiado cansada para cocinar y estoy hambrienta!", "Gracias por comprar la comida porque me olvidé de hacerlo" son formas maravillosas de hacerle saber que lo necesitas.

El componente clave para hacer que tu hombre te quiera más

allá de la comparación, es darle espacio y tiempo. Tendemos a reaccionar de forma diferente con los hombres y esto tiene sus raíces en la ciencia. Los hombres no procesan la hormona del cortisol como las mujeres, lo que les hace más propensos a estallar de emociones. Por eso los hombres son más propensos a estallar y perder el control. Cuando pienses en la forma en que tu hombre te responde, es muy importante que tengas esto en cuenta. De lo contrario, sentirás que no te está tratando bien. Así que si estás dispuesta a dejar que tu hombre se desahogue y permitirle un tiempo para que respire un poco, él lo agradecerá mucho. Verá que lo estás entendiendo, lo que hará que finalmente se acerque a ti.

Nunca debes depender de un hombre para tu felicidad. Debes ser totalmente independiente, ya que puedes ser feliz por ti misma. Atraer a un hombre debe ser todo diversión, y debe ser una parte de tu divina autoexpresión. Tenlo siempre presente y sé generosa con tu divinidad femenina, dejando que tu hombre vea lo que hay debajo de la superficie y presentándole las maravillas que le esperan. ¡Enseguida se volverá loco por ti!

Cómo Activar y Potenciar La Energía Sexual

Tu energía sexual debe ser celebrada, porque tienes derecho a la pasión y el placer absolutos. ¿Por qué querrías reprimir tus necesidades? Tu sensualidad te guiará a los niveles más altos de conciencia, ofreciéndote la oportunidad de disfrutar de la vida como nunca antes lo habías hecho. Así que debes encontrar formas de activar y nutrir tu energía sexual, para que crezca y se expanda desde dentro. Hay muchas cosas que puedes hacer, siempre y cuando te des cuenta de que la energía debe estar contenida dentro de ti para dar su máximo potencial.

En primer lugar, empezaremos con la comida. Sí, lo que comemos nos afecta de más formas de las que podríamos imaginar.

Esto significa que debes prestar atención a lo que comes, no sólo para mantener tu peso ideal y permanecer sana. Cada alimento que elijas influirá en la calidad de tu energía sexual. No dudes en comer verduras y frutas frescas en la medida de lo posible, asegurándote de obtener la mayor parte de esos alimentos crudos. Evita los alimentos procesados, los edulcorantes y colorantes artificiales, la nata espesa y el exceso de grasa. En su lugar, valora el sabor y la textura. Elige la calidad en lugar de la cantidad y haz que cada bocado cuente. En cuanto a los líquidos, bebe mucha agua y date el gusto de tomar té verde y de hierbas, así como vino moscato varias veces al día. Esto te acercará a la divinidad, así que comprueba si disfrutas de esos sabores. ¡Estoy segura de que lo harás!

LUEGO, MÍMATE TODO LO QUE PUEDAS. DATE UN LARGO BAÑO CON sales y aceites esenciales, despejando tu mente de todo lo innecesario. Deshazte de la tensión con un buen masaje, medita o haz sesiones de yoga. Sal a pasear, respira el aire fresco y siente la calma que te rodea. Tómate un tiempo libre, dedícalo a ti misma y aprovecha cada momento. Estamos acostumbradas a llenar de actividades nuestros días. Sin embargo, esto sólo nos llena de ansiedad y siempre nos hace sentir incompletas. Al final del día, lo único que debería importarnos es haber sido capaces de complacernos a nosotras mismas, haber dado lo mejor de nosotras y habernos conectado verdaderamente con las personas que amamos.

¿Has probado alguna vez la danza mística? Es la mejor manera de bailar desde tu interior, para que despiertes la energía de la divinidad femenina. Tienes que entender los chakras de tu cuerpo y liberar la tensión, expandiendo la energía. La danza del vientre es una forma excelente de danza mística, así que puedes probarla y ver lo que te aporta. Los tres pasos para abrazar verdaderamente tu energía sexual y expresarla al mundo incluyen formas de relajarte, encender la energía y luego contenerla. Así que después de haberte relajado mediante técnicas de respiración profunda, meditación y afirmaciones positivas, puedes encender la energía mediante la danza del vientre. Empezando por la columna vertebral y el primer chakra, puedes comunicarte con el universo a través de tu cuerpo. Siente cómo la energía se expande y se mueve hacia arriba, pero manteniéndola contenida. Esto te ayudará a experimentar la energía en su máximo potencial, sin dispersarla por el mundo. Mantenla dentro de ti, atesórala y disfrútala.

Una vez que lo hayas hecho, te sentirás fortalecida y lista para enfrentarte al mundo. Ya no hay límites que te impidan disfrutar, ni tabúes que superar. Te mereces experimentar toda la magnitud del placer que se deriva de tu energía sexual, alineada con el universo.

ANTAGONISTAS DE LOS HOMBRES: ¿ES ESTO REAL?

Como señalé anteriormente en el libro, no hay absolutamente ninguna razón por la que debas antagonizar con los hombres y compararte con ellos. De hecho, si hay algo que hemos aprendido hasta ahora sobre las relaciones humanas, es el reconocimiento de que tanto los hombres como las mujeres deben crear el equilibrio perfecto para prosperar juntos. Al igual que el Yin y el Yang, hay que encontrar las proporciones adecuadas para lograr la unidad ideal. La energía Yin puede encontrarse en la calma de los colores sutiles y la música suave, y en la relajación derivada del agua que fluye suavemente en el mar. Por otro lado, está la energía Yang, que es mucho más activa y puede verse en la luz, los colores y los sonidos más intensos. No hay comparación entre las dos energías, sólo un esfuerzo por equilibrar y crear algo hermoso en el mundo.

Las mujeres han sido engañadas para que crean que necesitan enemistarse con los hombres, tratando de superarlos, y reclamar lo que han perdido. Este es un círculo vicioso, ya que despoja a las mujeres de su singularidad y no muestra ningún deseo real de encontrar la armonía en la vida. Una mujer no debería mirar a los hombres y tratar de ser más como ellos. Obviamente, como ya se ha dicho, hay aspectos y características masculinas en cada individuo, incluidas las mujeres. Sin embargo, esto no significa que una mujer deba cambiar su propia esencia y dejar que esos rasgos masculinos prevalezcan. De este modo, perdería la energía de la divinidad femenina, que es vital para su bienestar y la celebración de su identidad.

Cuando un hombre y una mujer se unen, se produce un verdadero milagro. Hay fuerzas tan diferentes, pero que se complementan entre sí. No hace falta que te esfuerces al máximo, en pos de demostrar que eres mejor que los hombres. Esto no es una carrera, ni una competición. Sin embargo, debes mantenerte firme y reclamar lo que quieres. Tienes el poder de sentar las bases de una relación fructífera, basada en la comprensión mutua, el amor y el afecto. No intentes estropearlo, demostrando tu punto de vista o aferrándote a sentimientos de venganza y rencor. Esto no es lo que eres. Tu unión debe ser una bendición, en lugar de un conflicto constante. Recuerda la Ley de la Polaridad (*Crea Equilibrio Y Armonía Utilizando La Ley De La Polaridad*, 2016). Según este concepto, para cada acción hay una reacción igual, del mismo tamaño e intensidad. Todo en la vida viene con dos polos, por ejemplo, el bien y el mal. De hecho, todo es dual en la vida. Esto significa que las personas estamos en busca de nuestro segundo polo para volver a sentirnos completos. Lo que manifestamos es una combinación de los dos polos, tratando de adquirir el equilibrio. No hay que olvidar eso.

Los hombres no son el enemigo aquí. En todo caso, deberían ser nuestros aliados. Estamos juntos en esto. Están tan perdidos como nosotros, en el viaje hacia la iluminación y la conciencia personal. Nos sumergimos en lo más profundo y tratamos de explorar lo desconocido. Tanto los hombres como las mujeres buscamos la armonía en una relación. Es justo suponer que esta armonía puede alcanzarse a través de una profunda comprensión, así como de la comprensión de que no somos iguales. Somos iguales, pero no iguales. Nadie es superior, sino que nuestro valor es idéntico. Así es como debemos estructurar una relación sólida, que va a hacer que la relación perdure, a pesar del paso del tiempo.

⚜ 8 ⚜

LIBERA LOS TRAUMAS DEL PASADO Y HAZ ESPACIO PARA EL DESPERTAR DE TU DIVINIDAD FEMENINA

Desde que eras una niña, te dijeron que cambiaras tu forma de comportarte. Al mismo tiempo, cualquier signo de feminidad que mostraras parecería desencadenar reacciones negativas. ¿Te resulta familiar? Cuando no estás segura de ti misma y de tu identidad, creces cuestionándote todo. Cuestionas tu poder y tu valor personal, dudas de si eres lo suficientemente digna como para merecer y provocar el amor y el placer, rehúyes de todo lo que te hace sentir y parecer femenina. Pero, ¿es esta realmente la forma en que deberías ser? ¿Realmente quieres comprometer todo, sólo para encajar en las cajas genéricas que otros han creado para ti?

No te hará sentir conforme contigo misma, vivir tu vida de acuerdo con lo que otros dictan. Especialmente cuando tu vida es tan única y eres capaz de experimentar la grandeza y la divinidad. En primer lugar, tienes que limpiar los traumas de tu pasado, cambiando tu mentalidad y reseteando tu vida. Debes profundizar en la investigación y desaprender todo lo que te han enseñado durante todos estos años. Requiere de mucho esfuerzo y trabajo duro, pero te prometo que vale la pena. Lo que tienes que hacer es cavar profundo y enraizarte a tu verdad. Lo que más importa es lo que crees y lo que quieres.

Te han herido profundamente, tu lado femenino ha sido trauma-tizado y ahora estás experimentando los efectos secundarios de este trauma. Tal vez tu identidad sexual se ha convertido en un asunto de crítica, un motivo de vergüenza. Todos los que te rodean te miran como si no fueras más que un recipiente de placer sexual. Tu figura desencadena deseos y esto está perfectamente bien para los hombres. Ellos pueden expresar ese deseo, sin prestar atención a tus emociones. Ya sea que te sientas cómoda o no, pueden hacer comentarios sobre tu apariencia, y pueden hacer su jugada, incluso si te causa angustia.

Por otro lado, siempre se nos ha aconsejado ser solemne y sutil. No debemos ser agresivas ni provocar a los hombres, porque entonces nos lo hemos buscado. En la sociedad, una mujer que se libera y expresa su feminidad se considera casi siempre provocadora. Debería ir más despacio, disimulando o cubriendo su verdadera personalidad, y adaptarse a los estándares de la sociedad en cuanto a lo que es aceptable y lo que no es. Si la mujer no se adapta a esos estándares, su expresión podría llevarla a un sentido excesivo de su sexualidad. Así que en lugar de sentirse cómoda y bien siendo sexy, lo podría utilizar para manipular a los demás. Sabes que es una herramienta, una ventaja que tienes sobre los hombres. ¿Por qué no usarla en tu beneficio? Más que eso, seduces y controlas a los hombres con lo más poderoso que tienes, porque esto es lo que te han enseñado a creer.

La otra forma en que el trauma puede aparecer en tu vida es a través de las emociones reprimidas. Para ser más específica, siempre has oído a los demás decirte que seas dura. A menudo se nos carac-teriza a las mujeres como demasiado blandas, impotentes e inca-paces de controlar nuestras emociones. Es absolutamente comprensible que las mujeres sean más sensibles. Está en su lado femenino de la existencia. Sin embargo, la sociedad no tiene espacio para eso. Por el contrario, se espera que las mujeres se templen y soporten las dificultades, así como los sentimientos negativos, sin quejarse. Es un mundo cruel, pero hay que salir adelante y encontrar la manera de afrontarlo. Además, se nos dice que debemos ser más como los hombres. ¿Qué hace un hombre cuando pasa algo malo? Se enfrenta a ello, sin llorar ni quejarse.

Con eso en mente, aprendes a reprimir tus emociones mientras creces. Infravaloras su significado y te acostumbras a imitar el comportamiento masculino. No hay nada malo en tener un lado masculino. De hecho, tener el equilibrio perfecto entre lo masculino y lo femenino sería la forma correcta de vivir tu vida. Pero esto no significa que debas olvidar lo que es ser una mujer. Mostrar compasión, ser sensible y abierta, cálida y suave, son elementos que definen quién eres realmente. Estos rasgos revelan tu grandeza y no debes olvidarlos.

Libérate Del Equipaje Pesado

Desarraigar los traumas del pasado para hacer espacio a tu despertar de la divinidad femenina es esencial. Tienes que ser fuerte y dar todos los pasos necesarios para poder avanzar. Cuando tienes tanto peso sobre tus hombros, es justo que te sientas abrumada y agotada. Por el contrario, una vez que te ocupes de los asuntos que te han estado preocupando y consigas cerrarlos, te sentirás más ligera que nunca. Así que no pierdas más tiempo. Encuentra lo que te está arrastrando y deshazte de ello de inmediato. Deberías tratar estos temas limpiando las creencias subconscientes que tienes como mujer, y este libro no sólo te ayudará a ser consciente de tus creencias limitantes, sino también a superarlas. Sanar la niña interior puede hacer espacio para tu despertar.

Lo primero que tienes que hacer es enfrentarte al trauma. Es imprescindible que abordes con claridad lo que te ha traumatizado, porque de lo contrario no podrás afrontarlo adecuadamente. Cuando te enfrentas a una amenaza desconocida, no hay una forma eficaz de superar el problema y pasar de él. Así que la confrontación es la clave del éxito. Si sigues enterrándolo bajo tierra, sólo prolongarás una situación negativa y te impedirás experimentar lo que te corresponde. No te escondas de la verdad, no ocultes los hechos ni distorsiones la realidad. A continuación, debes hablar de lo sucedido. Existe una amplia variedad de formas de tratar el tema. Algunas personas pueden elegir la terapia, porque les apetece confiar en un profesional. Por supuesto, esto puede ser algo muy positivo. Los expertos te guiarán en el proceso de analizar los detalles relativos a tu trauma. A través de las preguntas adecuadas, tendrás la oportunidad de leer entre líneas y ver exactamente qué ha desencadenado tu herida. ¿Fue un incidente concreto o fue una persona la que te hizo sentir mal? Por otra parte, las mujeres pueden recurrir a sus amigos para liberar su tensión y desahogarse. La familia puede servir de la misma manera, aunque la mayoría de la gente piensa que los miembros de la familia pueden presionar a las víctimas del trauma para que no se abran. Por último, un diario puede ser bastante liberador. Si te expresas bien por escrito, puedes probar plasmar tus pensamientos en un diario.

Para avanzar, es hora de aceptar lo que ha sucedido. Sólo así podrás encontrar la paz. Aunque puede hacerte sentir dolor, necesitas pasar por ese dolor para recuperarte. Debes estar preparada para aceptar que todo sucede por una razón. Aferrarse al pasado destruirá tu vida. Será un ancla que te llevará al fondo. Tienes que deshacerte de la cadena del ancla para volver a salir a la superficie. Utiliza ese trauma como una lección y no como un patrón. Finalmente, habrás completado el ciclo y estarás lista para seguir adelante. Ya no hay excusas, ni coartada para el sufrimiento. Eres libre.

RITUAL MATUTINO FÁCIL DE SEGUIR

¿QUÉ HACES CUANDO TE LEVANTAS POR LA MAÑANA? ¿ERES UNA DE esas personas que pone una docena de alarmas, sólo para pulsar el botón de "posponer"? Esto sólo te hace perder una fracción del tiempo en el que deberías estar durmiendo, lo sabes, ¿verdad? ¿O tal vez te levantas justo después de que suene la primera alarma, para prepararte y dirigirte al trabajo? Hagas lo que hagas, lo más probable es que no te dediques mucho tiempo a ti misma. Y es una lástima. Tu alma necesita alimentarse tanto como tu cuerpo. Por lo tanto, tienes que cuidar tu claridad mental y tu calma. Para ello, tendrás que cambiar algunos de tus viejos vicios.

Al cambiar tus hábitos, descubrirás todo un mundo nuevo. De este modo, podrás experimentar con nuevos patrones que podrían convertirse en tus favoritos. En primer lugar, debes comprometerte a despertarte un poco antes de lo que hubieras deseado. Esto te permitirá despertarte de forma más natural, evitando tensiones y estrés innecesario. A continuación, debes prepararte un desayuno abundante y saludable. Es esencial que te hidrates, dejando que tu cuerpo reponga todos los valiosos componentes que ha perdido durante la noche. Averigua qué alimentos le sientan bien a tu sistema digestivo y, que al mismo tiempo, te ofrezcan los nutrientes y la energía que necesitas para un día completo.

A continuación, debes incorporar algún tipo de ejercicio físico a tu ritual matutino. Obviamente, lo mejor es que practiques meditación y ejercicios especiales, destinados a activar diferentes partes de tu cuerpo. Sin embargo, también debes encontrar tiempo para apreciar el momento y dejar de lado el estrés. Esta es la forma perfecta de empezar el día.

Volviendo al ejercicio, deberías poner en práctica un ritual matutino femenino diario que se centre en la limpieza de traumas, creencias limitantes, vergüenza y en la realineación con tu energía femenina sagrada. Existen varias técnicas y conjuntos de ejercicios que puedes probar. A continuación, encontrarás algunos ejercicios realmente útiles y fáciles que puedes incluir en tu agenda diaria. Empieza tu día con este entrenamiento y te sentirás renovada, regenerada y llena de energía.

En primer lugar, empezaremos con los ejercicios TRE. TRE son las siglas de *Trauma Releasing Exercises* (ejercicios para la liberación de la tensión y el estrés). Si observas el reino animal, te darás cuenta de que muchos animales lo hacen para liberarse de cualquier tensión. Lo mismo se aplica a los humanos, así que deberías experimentar con el poder de sacudir el trauma de tu cuerpo. Uno de los mejores ejercicios es ponerse de pie y apoyar tu espalda y todo tu cuerpo contra la pared. Luego debes mover lentamente tu cuerpo hacia abajo flexionando las rodillas, mientras haces que tus piernas creen un ángulo y las abres ligeramente. Así, al final, será como si estuvieras sentada en una silla invisible, apoyando tu cuerpo por la espalda y principalmente por las piernas. En cuanto sientas que estás al borde del colapso debido al peso, te elevas un poco y continúas ejercitándote así. Después de haber recuperado casi la posición inicial de pie, sentirás que tus músculos tiemblan. A continuación, debes tumbarte de espaldas, con las rodillas levantadas y los pies firmemente plantados en el suelo a unos pocos centímetros de distancia. Experimenta separando las rodillas para descubrir qué es lo que crea el temblor más intenso. Esto liberará las tensiones almacenadas en tu cuerpo. Yo practico los ejercicios TRE al menos 30 minutos al día y he notado grandes resultados. Para mantenerme productiva, suelo leer mientras me muevo.

Si quieres un ejercicio TRE diferente, puedes sentarte en el suelo y unir las plantas de tus pies, mientras doblas las piernas. Ahora tu posición será como la de una rana. Cuando te sientas cómoda en esta posición, intenta elevar tu cuerpo hacia el cielo. Este es un excelente ejercicio para tonificar los músculos. Mientras te mantienes en esa posición, te darás cuenta de que los músculos arden. Aprieta los glúteos y siente cómo se tensan los músculos. Repite tantas veces como sea necesario, para favorecer el temblor. Quedarás impresionada por los resultados. Una vez más, debes permanecer un tiempo así para realizar correctamente la posición de la rana.

Los ejercicios de EFT son las siglas de las Técnicas de Liberación Emocional (*Emotional Freedom Techniques*), también conocido como tapping. Cuando te sientas abrumada por el estrés o la ansiedad, la depresión o incluso el dolor crónico, esto puede hacer maravillas en ti. Todo el concepto se basa en la medicina alternativa como la acupuntura, la programación neurolingüística, y mucho más. Sería estupendo añadir algunos ejercicios de EFT a tu ritual matutino. Esto implica hacer tapping en partes específicas de tu cuerpo, mientras mantienes un ritmo constante y repites afirmaciones positivas. En este caso, puedes empezar a hacer tapping en la parte externa de la palma de la mano y luego pasar a la cara. El punto debajo de los ojos, en las mejillas, justo debajo de la nariz, en la barbilla, en las costillas y justo debajo de las axilas, todos estos son puntos excepcionales para practicar el tapping o EFT. Escribe EFT tapping en YouTube y encontrarás cientos de resultados para ver. Yo personalmente me concentro en un video de tapping hasta que siento que ese tema se resuelve en mi vida. Por ejemplo, si estoy sintiendo angustia durante una semana en particular, me enfocaré principalmente en un video de tapping EFT de angustia esa semana, hasta que la haya superado.

En cuanto a lo que puedes decir, intenta algo similar a lo

siguiente: "He pasado por mucha presión. Hay un trauma en mi vida, que ha desordenado todo mi ser. Me han herido, he llorado y he sufrido bastante. Ahora es mi momento de brillar. Soy lo suficientemente poderosa para dejar atrás este trauma. Está en mí luchar y superar las dificultades que me han sucedido. Soy fuerte y maravillosa". Esto es sólo un ejemplo, para que puedas experimentar con lo que te hace sentir mejor. Añade afirmaciones positivas, que te ayudarán a reforzar tu confianza y a ver quién eres realmente. ¡Debes creer en ti!

❧ 9 ❧

ABRAZA EL DESPERTAR DE TU
DIVINIDAD FEMENINA

N adie ha nacido sabiendo todas las respuestas a todas sus
preguntas. Y hay una pregunta en particular que ha
estado en tu mente desde hace bastante tiempo. Por
supuesto, esta ha sido una de las principales razones por las que
ahora tienes este libro en tus manos. Estás buscando las respuestas
que te iluminen en tu viaje hacia el despertar de la divinidad femenina. Todos somos humanos y los humanos necesitamos respuestas.
Necesitamos una respuesta positiva y la confirmación de que
estamos en el camino correcto. Sin embargo, no hay un veredicto
claro de "sí o no". No puedes visitar a un profesional para que te
diagnostique si estás despertando o no, ¿verdad? Así que en los
momentos de duda, debes acudir a quien tiene la sabiduría y el
conocimiento para guiarte.

¿Te preguntas si tu divinidad femenina está finalmente despertando o no? Hay momentos en los que nos sentimos en la luna, sólo
para descubrir que hemos sido engañados por las señales. Especialmente cuando se trata de descubrir tu poder divino, lo que está en
juego es demasiado alto. Comprendo que sientas ansiedad por experimentar lo que está a punto de llegar. Pero, ¿está ocurriendo realmente? ¿Estás realmente en camino de experimentar esta

64

maravillosa sensación? ¿Estás a punto de pasar página? Voy a ofrecerte una serie de señales, para que compruebes que tu imaginación no te está jugando una mala pasada. Si marcas más de una de estas casillas, entonces sí que estás despertando. ¿Estás preparada para identificar estas señales reveladoras?

Obviamente, una de las señales fundamentales de que estás despertando es tu intuición más profunda. Lo sentirás en tus huesos. Estarás segura de que algo está cambiando, como una oruga que está a punto de convertirse en mariposa. Esta transformación es enorme y se producirá desde dentro. ¿Alguna vez te has sentido segura de algo en tu vida? Para aquellos que se han sentido tan enamorados que todo lo demás no importa, esto será muy parecido. ¿Has conocido a mujeres que han decidido cambiar su vida contra todo pronóstico, porque sentían que eso era lo correcto? ¿O tal vez tú seas una de esas mujeres? Este es el sentimiento, así que busca esa señal como si fuera un exquisito aperitivo, ¡el comienzo perfecto para un delicioso banquete por delante!

¿Estás Despertando De Tu Hibernación?

Tu poder divino femenino se está despertando lentamente, ¿cómo puedes saberlo? Una de las cosas que debería alertarte, es el hecho de que siempre estés indagando cada vez más profundo, en busca del verdadero "tú". Es un gran avance tratar de averiguar quién eres, esto significa que aún no lo sabes. Esta duda acerca de ti misma, revela que eres mucho más de lo que creías ser. Cuanto más descubres sobre ti misma, más consigues amar tu singularidad. La aprecias y la abrazas. No hay nada mejor que saber que no encajas en ningún casillero, sino que eres extraordinaria, única y especial.

Al mismo tiempo, te liberas del egoísmo. No hay "ego" en tu persona. Como semilla estelar, has encarnado en esta vida para darle una mano al mundo. Estás destinada a ofrecer, en lugar de actuar por egoísmo e intereses personales. Esto no significa que te olvides de amarte a ti misma, en absoluto. Una de las señales de que estás en camino de tu despertar, es el hecho de que te cuidas mucho. Después de todo, ¿quién es más valioso que tú? De hecho, estarás más dispuesta a mejorar tu dieta y hacer algunos cambios radicales sobre tu bienestar. Por ejemplo, querrá dejar de fumar o abandonar por completo el azúcar, el café o las grasas.

Siguiendo con las señales que deberían alertarte de que estás en la ruta del éxito, notarás un cambio significativo en tu forma de tratar a los demás. Hasta ahora estabas acostumbrada a torcer el brazo y ceder en tu posición siempre que había un conflicto. Hacías prácticamente lo que los demás esperaban de ti. Te sentías como si no tuvieras tu propia voluntad. Pero ahora, sientes en tus entrañas que algo ha cambiado. Ahora no te preocupa qué dirán los demás. La protagonista de tu propia película eres tú y sólo tú. Además, ya no sucumbes ante los conceptos patriarcales. Aunque hayas aprendido toda tu vida a seguir esas reglas, ya no te rigen. Sabes que no es así y que estás por encima de eso.

Como ya hemos comentado en el libro, debes dejar todas esas amargas experiencias en el pasado. No debes guardar rencor, ni volver a caer en las mismas trampas. Todo eso es parte del pasado; lo hecho, hecho está. Ahora, un posible contratiempo no puede servir de excusa para moldear el futuro en un patrón negativo. Así que deja atrás todas las experiencias preocupantes, todos los errores y todas las ideas equivocadas. Por supuesto, esto no significa que debas machacarte. Al contrario de lo que puedas pensar, una de las señales tiene que ver con la compasión y el perdón hacia ti misma. Al fin y al cabo, no has hecho nada malo. La vida no viene con su propio manual, así que el ensayo y error está totalmente permitido.

Deberías estar preparada para todas estas cosas buenas que se te presentarán y que te permitirán conocer el secreto de que por fin estás despertando. Sin embargo, no todo son rosas y sol. Se trata de un enorme cambio en tu vida, que sin duda te hará sentir miedo. Te asustará la idea de que no hay que dar nada por sentado. Por el contrario, debes estar siempre dispuesta a dudar incluso del núcleo de tu existencia. ¿Es todo lo que has vivido hasta ahora una mentira? Esto puede hundirte, provocando depresión e incluso pensamientos suicidas. Por favor, ten paciencia, lo superarás. Se trata de una experiencia extraordinaria, que sólo unos pocos van a disfrutar en la vida. No te sientas impotente, ya que no eres nada de eso.

Es lógico que sientas la necesidad de compartir tu experiencia con los demás. Estar despierta y saberlo requiere de mucho valor. Para hacer frente a los cambios que se producirán en ti constantemente, debes encontrar tu comunidad. Por lo tanto, sentirás la necesidad de encontrar a tus compañeras. Querrás explorar los lugares en los que puedes encontrarte con personas afines para hablar de todo lo que estás viviendo. No hay nada alarmante en ello. De hecho, todos necesitamos apoyo a veces. El lado positivo es que, a pesar de lo que puedas pensar en un principio, acabarás recuperando la esperanza. Además, has sido bendecida y esto es algo que hay que celebrar, en lugar de padecerlo.

Con el tiempo, las señales que verás se volverán más y más claras. Tu confianza se fortalecerá, ya que empezarás a darte cuenta de lo que realmente está ocurriendo. No es raro que personas como tú tengan avances y epifanías. Las cosas empezarán a tener sentido, ya que estás conectando todos los puntos. Pronto te sentirás más poderosa que nunca, segura de hacia dónde te diriges. Aunque el odio a ti misma podría haber aparecido en algún momento del proceso, llenándote de decepción, ya no te odias a ti misma. ¿Cómo podrías hacerlo? Eres sagrada, créelo. Tu ego se ha transformado, tus chakras se han desbloqueado y te sientes preparada para tu nueva vida.

¡Así se hace, chica!

Si has llegado hasta aquí, lo más probable es que hayas experimentado esas primeras señales de despertar en tu vida, así que ¡felicidades! Este es un viaje increíble, que acaba de empezar. Tómate un momento y asimílalo, tratando de percibir plenamente lo que está sucediendo. Tú eres la elegida, eres sagrada, eres única. Nadie te va a quitar ese poder, porque no se lo vas a permitir. Tienes el control de tus emociones, tienes el control de tu entidad. Imagina todo el potencial de liberar tu energía femenina divina en el mundo. Deja que fluya a través de ti y siente lo que puede hacer. Eres divina y nadie puede quitarte eso. Tu poder ha estado ahí todo el tiempo, pero no has sido capaz de verlo. Ahora lo sabes y es justo que cambies tu vida, basándote en tus recientes revelaciones.

Tu instinto tenía razón. Esa voz en tu cabeza, que no dejaba de decirte que no te rindieras, ahora grita con alegría y emoción. Este es tu momento, chica. Deberías estar orgullosa de ti misma. Has llegado hasta aquí, interpretando las señales y persiguiendo tus sueños y esperanzas. Algunos dirán que eres demasiado entusiasta, otros te llamarán loca. Dudar de los demás y hacerles sentir mal, es algo a lo que la mayoría de la gente recurre cuando se siente amenazada. Y ser diferente siempre supone una amenaza para los demás. Pero esto no significa que debas buscar la uniformidad. No cediste a la tentación de complacer a los demás cambiando tu personalidad. Lo que hiciste requirió valor, y estuviste a la altura de las expectativas.

Ha sido un camino difícil y lleno de obstáculos, sin duda. Imagino que la mayoría de las personas no te habrán acompañado. Durante tus exploraciones, muchos de tus supuestos amigos y familiares no hicieron más que juzgarte. Han cuestionado tus motivos y te han despreciado desde que expresaste tu necesidad de profundizar en esta experiencia de búsqueda del alma. A muchas personas les cuesta deshacerse de sus viejas creencias. Se aferran a lo que conocen y son inflexibles, sin dejar espacio para el más mínimo cambio. Son los primeros en dudar de ti, incluso cuando tienes pruebas que respaldan tus afirmaciones.

A pesar de las dificultades, has conseguido resurgir de las cenizas como el ave fénix. Has persistido en tus objetivos y has encontrado lo que buscabas. Todas esas personas que no dudaron en insultarte y avergonzarte, burlarse de ti o incluso aislarte socialmente, ¿dónde están ahora? ¿Están cerca de ti para ser testigos de tu transformación? Espero que puedan ver lo que se ha convertido en ti. Será un día memorable, cuando te sientas indiferente ante sus actitudes y acciones. Recuerda que tu dignidad es incuestionable. Eres sagrada y nadie debe decirte lo contrario.

No cabe duda de que tus esfuerzos han perseverado a través de las dificultades. Todos estos resultados han llegado con sudor y lágrimas. Esto sólo hace que tu victoria sea más dulce. Sabes que has persistido en tus objetivos, incluso cuando todo el mundo a tu alrededor te decía que lo dejaras. No sólo no escuchaste sus consejos, sino que te empujaste a ti misma a experimentar tu despertar y disfrutar de lo que te espera. Es una maravilla que hayas sobrevivido, una maravilla que has orquestado por tu cuenta. Te mereces mis respetos, como forma de expresar mi gratitud por no haberte rendido. Las mujeres debemos empoderarnos unas a otras y ayudarnos a superar cualquier sombra o punto bajo durante este exigente proceso. Enhorabuena por lo que has conseguido hasta ahora, todos esperamos lo que viene después.

Te espera la grandeza, querida. El camino no será un camino de rosas, pero tú te has forjado con fuego y acero. Puedes asumir cualquier reto que se te presente. Ahora, una última señal para buscar. Estoy segura de que ya está ahí. Tu tercer ojo está abierto, ¿verdad? Enfócate y ve a través de él, mira lo que te revela. Se avecinan tiempos emocionantes, realmente emocionantes...

MEDITACIONES GUIADAS PARA
LLEVARTE DE LA MANO

Hay varias meditaciones guiadas que puedes hacer para experimentar tu despertar divino, y que marcarán la diferencia en tu vida. Entre ellas, siéntete libre de encontrar las meditaciones con las que realmente te sientas identificada. La meditación guiada del despertar de la energía femenina es la primera meditación en la que nos vamos a centrar en esta sección. Esta meditación te permitirá empoderarte y convertirte en la mujer que siempre has soñado ser.

Empieza por sentarte cómodamente en el suelo, con una manta o una esterilla suave. Estírate un poco, asegurándote de que todos tus músculos estén relajados. Coloca las palmas de las manos en tu regazo. Concéntrate en tu respiración, notando cómo el aire fluye hacia dentro y hacia fuera. Ahora es el momento de centrarte en conectar con tu energía femenina interior. Comienza a tomar conciencia y visualiza una rosa color rosa, que está floreciendo dentro de tu corazón. Presta atención a cada pétalo, observando cómo la rosa empieza a crecer y a expandirse. La rosa se hace más grande y más ancha con cada respiración. Ahora tu conciencia debe estar en la parte superior de tu cabeza, y puede que experimentes una ligera sensación de hormigueo.

Mientras observas esto, una suave luz rosa te ilumina. Te baña desde la parte superior de la cabeza hasta las caderas y las piernas. Esto es todo lo que ves, luz rosa que simboliza el amor puro. Este es el despertar tu energía femenina. Traes luz a tu oscuridad, mientras la Diosa dentro de ti te guía sin juzgar. Poco a poco, empiezas a sentir una aceptación incondicional. Nota su poderosa presencia bañándote. La poderosa energía femenina está despertando, sintiendo el cambio en tu cuerpo físico, tu mente y tu corazón. Esta es una transformación a la que le das la bienvenida.

Imagínate en la cima de la montaña, con el aire soplando suavemente, y tocando tus mejillas, acariciando tu cabello. Permanece plenamente conectada con tu diosa interior, trayendo esta conciencia de vuelta a donde estás ahora. Abre los ojos lentamente, sintiendo las puntas de los dedos de las manos y de los pies, bajando los hombros. Así es como te acercas a tu energía femenina, despertándola para disfrutar de los máximos beneficios que pueden derivarse de este flujo sin pretensiones.

MEDITACIÓN GUIADA PARA EQUILIBRAR LAS ENERGÍAS Masculina Y Femenina

A TRAVÉS DE LA MEDITACIÓN GUIADA PARA EQUILIBRAR LAS energías masculinas y femeninas, podrás llegar a tu unidad y experimentar la plenitud, el equilibrio absoluto y una sensación de puro bienestar. Esta es una forma maravillosa de acercarte a tus dos facetas, dejar de luchar entre ellas y disfrutar de lo mejor de los lados masculino y femenino dentro de ti.

Siéntate cómodamente en algún lugar y empieza a inspirar y espirar, de forma muy suave y lenta. Deja ir tus preocupaciones y todo lo que te ha estado molestando. Cierra los ojos y vete a un lugar tranquilo, viaja a algún sitio en el que te sientas cómoda y emprende tu nuevo viaje. Puede ser un lugar conocido o un lugar que no hayas visto nunca en tu vida. Deja que los colores te abracen, calmando tu alma. ¿Qué colores te rodean? Mírate a ti misma, como si estuvieras brillando con una luz inmensa. Estás radiante. Observa todos los detalles de ti misma. ¿Eres pequeña o grande, eres hermosa, radiante, elegante? Tómate un momento y concéntrate en tus chakras. ¿Cuáles de esos chakras están ya brillando en tu cuerpo? Todos tus diferentes centros energéticos deberían empezar a brillar, así que presta atención a los que aún no lo están.

Ahora, mira en la distancia. Hay otro ser que se acerca a ti, un ser del sexo opuesto con una forma radiante. A medida que el ser se acerca más y más, te das cuenta de que eres igual de hermosa, igual de radiante, igual de grande. Eres exactamente la polaridad opuesta, pero todo lo demás es similar. Saluda a ese ser con las palmas de las manos, acercándose aún más. Tus palmas se tocan y entonces, lentamente, comienzan a fusionarse. A medida que se van haciendo uno, sientes que esa energía te enciende. Hay un despertar de los rasgos opuestos, las energías opuestas dentro de ti. Tu energía masculina se potencia y complementa tus rasgos femeninos. ¿No se siente maravilloso?

La presencia de este otro ser enciende la columna central de tu cuerpo, que te ofrece la posibilidad de experimentar el equilibrio absoluto entre tus energías masculina y femenina. La unión de estas dos energías distintas te conecta con ese poder superior. Finalmente, es el momento de que ese ser fluya fuera de tu cuerpo y se vaya. Esto te permite seguir siendo quien eres. Sin embargo, tienes la oportunidad de fusionarte cuando te apetezca hacerlo. Puedes venir a este lugar en tu mente en cualquier momento y experimentar lo mismo. Para recuperar la conciencia y despertar, empieza a respirar profundamente y mueve ligeramente los dedos de los pies y de las manos.

MEDITACIÓN GUIADA DE LA DIOSA DEL REIKI

. . .

Sɪ ᴛɪᴇɴᴇs ᴘʀᴏʙʟᴇᴍᴀs ᴘᴀʀᴀ ᴅᴏʀᴍɪʀ, ᴏ sɪ ᴇsᴛás ᴅᴇᴍᴀsɪᴀᴅᴏ estresada, y quieres liberar la tensión, la meditación guiada de la Diosa de Reiki es una opción magnífica para ti.

Cierra los ojos y respira profundamente. Déjate llevar, mientras emprendes un viaje hacia los paisajes más poderosos. De hecho, estás flotando y puedes sentir cómo tus pies ascienden lentamente a los cielos. Allí, encuentras a la Diosa. Mientras exhalas, liberas tu mente y piensas en este cuento sobre el tiempo. El tiempo comenzó a dar órdenes a los planetas, al sistema solar, a las diferentes galaxias, mientras la Esperanza les daba vida. La Tentación se apoderó de sus virtudes y la curiosidad empezó a apoderarse de ellos, por lo que el Tiempo se movía cada vez más rápido. Más y más estrellas se añadieron al cielo nocturno, ofreciendo su inmenso brillo al universo. Entonces, el Tiempo se movió aún más rápido y los colores se extendieron por todo el mundo. Miles de matices cromáticos, hermosas tonalidades en perfecta armonía, creando obras maestras de la naturaleza.

El Tiempo no podía quedarse quieto, así que cada latido sonaba como música y motivaba al Tiempo a moverse cada vez más rápido. Mientras el Tiempo vagaba por el universo, tropezó con el Sol. El Sol no tenía pulso, a diferencia de todo lo demás en el mundo. Así que no tenía conocimiento de su nacimiento, ni curiosidad por averiguarlo, ni necesidad alguna. Con el Sol brillando intensamente y dando su calor al universo, el Tiempo tuvo que ralentizarse. El Tiempo no podía ni siquiera moverse, así que se contuvo literalmente mientras intentaba moverse alrededor del Sol. El Tiempo anhelaba el amor, pero el amor no estaba en ninguna parte. No podía unirse al resto del universo, escuchar el pulso y sentir la curiosidad necesaria para continuar su trayectoria.

En respuesta al anhelo del Tiempo, el universo creó a la Diosa del Amor. Ella acudió al rescate del Tiempo y se sentó a su lado. Entonces, teniendo al Tiempo a su lado, la Diosa del Amor comenzó a enseñar al Sol. Cantó dulcemente, mientras las mariposas llenaban sus manos, y los aromas de la miel de abeja llenaban la atmósfera. Su voz y su canto eran curativos. La Diosa entonces tomó el Sol y colocó todo en el universo justo para que todo estuviera en equilibrio. Los planetas, las lunas, las estrellas fugaces, los soles, y todo estaba en perfecta sincronía para producir el resultado más magnífico.

La Diosa del Amor habló con el Sol, explicando que hay un latido especial dentro de todos y cada uno de nosotros. Si realmente escuchas, podrás oír esa melodía especial, el latido que nos mantiene en armonía con el resto del universo. Este latido viene en forma de corazón.

Meditación Guiada Para La Sanación De Tu Niña Interior

Tu familia te ha educado de una manera determinada, y a menudo ha ido más allá para hacer lo correcto. Te han protegido y cuidado, te han alimentado y te han mantenido. Sin embargo, esto no significa que el proceso de crecimiento no te haya herido. Hay traumas que se esconden bajo la superficie y te impiden disfrutar de la vida al máximo. La meditación de curación de tu niña interior te ayudará a aliviar y resolver los traumas del pasado. Veamos cómo puedes practicar esta meditación.

Comienza cerrando los ojos. Respira profundamente y con calma. Reduce la velocidad, desconéctate y relájate. Baja los hombros un poco, deja que caigan un poco. Todo tu cuerpo se relaja. Entonces empiezas a pensar en tu pasado, en tu vida de niña. Lo visualizas y piensas en toda la negatividad, en todas las malas situaciones que te han llevado a donde estás ahora, traumatizada e indefensa. Deberías haber encontrado protección y seguridad, pero no lo hiciste. A continuación, visualiza la línea de tiempo de tu vida. Hay una luz al final de la línea de tiempo, y te estás acercando a ella. Con cada respiración que tomes, siente que la luz te rodea, te calienta, ilumina cada célula de tu cuerpo.

Imagina que los vórtices de la planta de tus pies se abren para recibir la misma luz de la madre tierra. Ahora que te sientes más ligera y sana que nunca, es el momento de mirar hacia atrás, hacia el comportamiento disfuncional que te llevó a tu trauma. Intenta identificar dónde empezó. Mantén los ojos cerrados, sintiendo la cálida energía que te invade. Estás preparada para viajar a tu infancia. Una vez que localices ese preciso momento, abre la puerta que tienes delante. Lo que encuentras allí es sorprendente. Allí está tu figura, así como la figura de ti misma cuando eras niño.

Obsérvense mutuamente y, cuando se sientan lo suficientemente cómodas, empieza a hablar con tu yo más joven. Será emotivo, sin duda. Intenta tranquilizar a esa niña diciéndole que todo irá bien. Tú eres la manifestación viva de que al final todo saldrá bien. Toma a la niña en brazos, consuélala y hazle saber que sientes no haber podido estar a su lado. Permite el diálogo entre los dos. Esta niña es dulce e inocente. Tómate unos momentos, consuélala y haz que se sienta segura. Fíjate en lo inocente y esperanzada que es, todo lo que necesita es amor. Desgraciadamente, sus padres o las personas a su cargo no pudieron proporcionárselo y por eso esa niña fue programada de forma equivocada.

Entonces, sigue adelante y habla con la niña. "Dulce niña, te quiero. Te apoyo. Eres maravillosa y puedes hacer cualquier cosa que te propongas. Te mantendré a salvo y protegida de todo daño" Dile todas las cosas que has estado deseando escuchar siempre y que nadie te ha dicho. Esto corregirá la programación de esta niña. Hazle saber las consecuencias negativas de sus patrones no saludables. "Dulce niña, no te preocupes por tus padres. No está destinado a ser así. No escuches lo que dicen los demás. Eres buena y digna, mereces ser amada. Mereces ser feliz. Los demás proyectaron en ti sus miedos, sus heridas y sus problemas, y no eran los tuyos. En lugar de eso, cuida de ti y de ti misma solamente".

Al final, debes invitar a tu versión más joven a que te acompañe, para que puedas mantenerla a salvo como prometiste. Permite que la niña se incorpore y venga contigo, fundiéndose con tu figura actual. A continuación, respira profundamente para calmarte y siente la luz purificadora en tu interior. Ahora puedes traer tu yo del pasado a tu estado actual, puedes borrar todos los traumas y corregir las disfunciones que se han producido desde tu infancia. Relájate, suspira con alivio y aprecia el momento. Estás preparada para volver. Siente cómo se mueven tus dedos de los pies y abre los ojos. Estírate un poco y sonríe. Has llegado a la meta.

MANIFESTANDO TU HERMOSA VIDA CON TU ENERGÍA FEMENINA DIVINA

Al experimentar tu energía de divinidad femenina, ¿no sientes que algo ha cambiado en tu vida? No me refiero a los cambios teóricos, sino a lo que ocurre en tu vida cotidiana. Después de haber alcanzado ese punto en el que ya no dudas de tu divinidad, se despliega todo un nuevo mundo de potencial. Aquí es donde comprendes realmente lo que ha sucedido. Tu vida nunca será la misma. Lo que has estado soñando todo este tiempo, lo que has estado deseando secretamente que sucediera, está aquí.

Hay muchas cosas en la vida que causan ansiedad y estrés, impidiéndote apreciar realmente el momento y disfrutar de tu vida al 100%. La mayoría de la gente se estresa por el dinero, la salud y las relaciones, así como por cuestiones profesionales. Está en tus manos elegir lo que más te preocupa en tu vida, para cambiarlo según tus deseos. Tú tienes el poder necesario para atraer lo que te hace falta. Si te preguntas cómo puedes lograrlo, es muy simple y sencillo. Necesitarás el poder de tu mente para conseguir dar un vuelco a tu vida. ¿Alguna vez has pasado un tiempo a solas, imaginando cómo hubieras querido que fuera tu vida? Hay momentos en los que la gente se siente deprimida y trata de aferrarse a algo; un recuerdo, una persona, un sueño. Así que a menudo acaban fantaseando con

78

su vida soñada. Se imaginan cómo sería la casa perfecta, junto con la pareja perfecta y la carrera perfecta. Por supuesto, todo eso viene acompañado de una generosa cantidad de dinero en su cuenta bancaria. ¡Esta es, con mucho, la mejor compañía!

Al llegar a lo más profundo de tu energía femenina divina y utilizarla en tu beneficio, puedes crear la base sobre la que vivir la vida de tus sueños. Aunque esto suene demasiado bueno para ser cierto, de hecho puedes dar forma a tu futuro con el poder de tu diosa interior. Piensa detenidamente e imagina lo que te haría feliz. Luego, pídele al universo que te lo proporcione; sólo tienes que esperar y ver. Antes de que te des cuenta, toda tu vida habrá cambiado de rumbo. Estarás en camino hacia el éxito, de cualquier manera que definas el término. Si le pides a tu diosa interior que te traiga riqueza, entonces debes esperar que las riquezas lleguen a ti, incluso sin que lo sepas. Si, por el contrario, has pedido salud y bienestar, te sentirás capacitada para mejorar tu dieta y tu entrenamiento. Te sentirás más motivada que nunca para cumplir con tu plan, de modo que te puedas convertir en la versión más sana, más fuerte y más feliz de ti misma.

No hay nada que te detenga, ahora que conoces el secreto. Tu energía divina femenina es lo suficientemente poderosa como para provocar el caos. Por supuesto, esto no es lo que quieres. Por el contrario, lo que buscas es encontrar la armonía y el equilibrio perfecto en la vida. Cualquier cosa que te haga feliz debería dársete en un abrir y cerrar de ojos. No es necesario esperar y confiar en la suerte. Seamos sinceros, la suerte siempre favorece a los audaces y atrevidos en la vida. Debes poner de tu parte, en lugar de esperar que otros vengan a rescatarte. Con tu diosa interior, no necesitas a nadie más.

La Ley de la Atracción y La Energía Femenina

. . .

"Cuando quieres algo, todo el universo conspira para ayudarte a conseguirlo" Esta es una famosa cita de Paulo Coelho, que resume bastante bien lo que es la Ley de Atracción. Veamos cómo la Ley de la Atracción (*La Ley de la Atracción - Descubre cómo Transformar Tu Vida*) esta filosofía del Nuevo Pensamiento, puede hacer maravillas en nuestra vida. A través del uso de la energía femenina, podemos atraer lo que queremos y aprovechar nuestros deseos. De esta manera, podemos perseguir la riqueza, la abundancia, el amor, las metas profesionales, y todo lo que nuestro corazón desee, si utilizamos nuestra energía divina correctamente.

En primer lugar, tómate un momento y piensa en ello. ¿Has estado alguna vez en una situación en la que desear algo tanto te haya causado dolor físico? Tu corazón simplemente duele, porque quieres algo con mucha fuerza. Si alguna vez has visto en YouTube vídeos de niños reaccionando ante cachorros y gatitos, sabrás a qué me refiero. En cuanto un padre ofrece al niño un cachorro, éste rompe a llorar. Las emociones se desbordan y el niño no puede contenerse. Lo mismo ocurre cuando lloras de alegría al pensar en un ser querido o en anticipación de un acontecimiento importante. En un patrón similar, tu exceso de deseo te lleva a dudar de ti misma y a dudar de si es o no la elección correcta para ti. Aunque hayas pasado mucho tiempo pensando en algo, en el momento en que lo obtienes, empiezas a dudar al instante de que haya sido la mejor decisión. Ambas opciones significan que quieres algo más de lo que eres capaz de permitir. ¿Puedes entender este concepto? Cuando quieres algo en exceso, entonces acabas trabajando contra ti misma. Esto volverá como un boomerang y te golpeará en la cara, si no prestas atención a las señales.

El secreto está en la armonía y el equilibrio. Sin el equilibrio adecuado, no puedes encontrar tu paz interior. Más que eso, no puedes disfrutar de lo que se supone que debes disfrutar en la vida. Consigue el equilibrio y entonces podrás perseguir lo que anhelas. No te dejes llevar por las emociones; en su lugar, establece objetivos y metas realistas. Además, Roma no se construyó en un día. ¿Qué significa eso para ti? Pues que tendrás que hacer las paces con tu situación actual para llegar a donde quieres llegar. Se necesita tiempo para reevaluar tu situación actual y ver cómo puedes mejorar tu vida, paso a paso. Así que es imprescindible que encuentres el lado positivo e identifiques las cosas buenas de tu estado actual.

En adelante, no debes descuidar todo el ritual de visualizar lo que sentirías al conseguir lo que quieres cuando se trata del amor. De este modo, te imaginas a ti misma como receptora y analizas todas las emociones que despiertan tus logros. Si lo haces con frecuencia, tendrás la oportunidad de cosechar los beneficios de tu imaginación. Cuando piensas en tus sentimientos, ocurre algo realmente maravilloso. Irradiarás estos sentimientos para atraer lo que deseas. Es lógico que tu aura atraiga lo que quieres y repela lo que detestas. Si te ciñes a ese plan, notarás que las personas equivocadas se desvanecen y las correctas se acercan a ti. Sé que puedes ser escéptica, pero inténtalo.

Céntrate en las cosas que crees que te faltan. Por ejemplo, si estás en un mal estado financiero, entonces visualiza que eres rica. Piensa en tus riquezas, analiza tus finanzas y mira cuánto tienes. Utiliza afirmaciones positivas para convencer a tu mente de que ya eres rica. Eres dueña de un yate, tienes joyas y acciones en tu caja de seguridad, y tu cuenta bancaria tiene más dinero del que podrías necesitar en tu vida. Si, por el contrario, lo que más anhelas es el amor y estás sola, intenta repetirte una y otra vez que eres digna del amor y que la pareja de tus sueños está ahí mismo buscándote. Cree en tu capacidad de atraer el amor y disfruta de una maravillosa relación con el hombre de tus sueños. Antes de que te des cuenta, este llamará a tu puerta.

Igualmente importante es que atiendas a las señales que revelan que estás en el camino correcto hacia el éxito. Cuando pierdes la esperanza, es lógico que encuentres algo que te levante y te devuelva la fe en ti misma. Qué mejor manera de conseguirlo que recopilar todas las pruebas que demuestran que tus acciones han tenido un impacto positivo en ti y en el resto del mundo. Es edificante tener las pruebas necesarias para saber que lo estás haciendo bien. Si caminas con los ojos vendados, siempre dudarás de si vas o no en la dirección correcta. Una vez que abres los ojos, obtienes instantáneamente la seguridad que has estado deseando recibir.

Cuando estás buscando activamente a un hombre para entablar una nueva relación, la Ley de la Atracción puede ayudarte mucho. Obviamente, primero tienes que asegurarte de que el hombre que te interesa está realmente en la misma página que tú. No estoy hablando de que esté enamorado de ti, pero es justo que persigas a un hombre que no esté casado, que sea heterosexual y esté abierto a nuevas relaciones. De lo contrario, tus probabilidades disminuirán naturalmente y la ley de la atracción no es la culpable aquí. A continuación, debes centrarte en la esencia del hombre. Esto significa que debes identificar qué sentimientos despierta en ti. Estos sentimientos son los que te impulsan a querer estar con él. Si te preguntas ¿por qué esto? Porque es una parte crucial para la formación de la relación, mira cómo funciona la Ley de Atracción. Necesitas provocar estos sentimientos en ti misma primero, para luego poder generarlos en un hombre.

Como ejercicio para practicar la Ley de Atracción y el impacto que tiene en tu energía femenina, cada mañana puedes escribir lo que quieras que ocurra en tu día. Esto puede ser tan pequeño como disfrutar de una comida abundante y deliciosa, o tan grande como ganar la lotería. Algunas de las cosas que incluyas en la lista pueden parecer casi imposibles. Lo mismo ocurre con el hombre de tus sueños. Escribe si quieres quedar con él, dónde quieres verlo y qué quieres que haga. Escríbelo todo con detalle y ponlo en una lista, para que el universo pueda proveerlo. Aunque al principio todo esto te parezca simplemente un deseo, pronto percibirás su significado y su verdadero valor.

En lugar de sentarte sin hacer nada, o de preguntarte por qué tu vida se ha vuelto tan rancia y amarga, tienes que dar un paso adelante. Pasa a la acción y reclama al universo lo que es tuyo. Es esencial que persigas activamente tus sueños y esperanzas. No hay nadie que desempeñe ese papel por ti. Está en tu mano forjar tu destino, así que sigue adelante y haz lo que tengas que hacer. Antes de pedir para recibir, asegúrate de deshacerte de todo el desorden dentro de tu mente y tu alma. Limpia la energía negativa, porque este es el único camino para lograr una conexión más profunda con tu ser superior. No necesitas todo este ruido. Lo que sí necesitas es contribuir activamente a tu evolución. Te propones algo y haces lo que sea necesario, persuadiendo al universo de que tienes derecho a ello.

Meditación Guiada Para La Manifestación De La Energía Femenina

UNA MEDITACIÓN GUIADA QUE PUEDES UTILIZAR PARA MANIFESTAR tu energía femenina es la siguiente, pero siéntete libre de experimentar con palabras similares de agradecimiento hacia el universo. Debes estar relajada, preferiblemente en un lugar con el que estés familiarizada y cómoda. Utiliza salvia para despejar el espacio y favorecer tu meditación. Enciende algunas velas y siéntate en silencio. Esta es una ceremonia sagrada, que te ofrece la oportunidad de alcanzar tu yo más elevado. "Querido universo, soy digna de recibir lo que quiero en la vida. Estoy lista para disfrutar de la manifestación de mi energía femenina. Quiero que mis deseos más puros se cumplan de inmediato porque los merezco. Recibir todo lo que quiero para el bien común de todas las mujeres. Es mi derecho disfrutar de la vida al máximo para beneficiar al mundo a través de mi excepcional estilo de vida. Mis deseos están en perfecta consonancia con la naturaleza. Quiero permanecer en armonía con Gaia y así es como puedo conseguirlo. Merezco sentirme feliz".

Como puedes imaginar, es vital que mantengas la calma durante toda la meditación. Tienes que controlar tu respiración y marcar el ritmo, para llegar a tu energía femenina y pedir lo que es tuyo.

Cierra los ojos, asegúrate de que tus músculos estén relajados y sumérgete en el subconsciente. Apunta a un flujo infinito de energía. Encuentra la forma perfecta de escuchar a tu cuerpo y date cuenta de hacia dónde se dirige ese flujo. Mantén la calma mientras repites las afirmaciones positivas anteriores. Siente cómo la energía se despierta y todos tus deseos se manifiestan lentamente ante tus ojos.

Todo tiene que ver con tus creencias. Tienes que estar segura de que mereces lo que estás pidiendo que se manifieste a través de tu energía femenina. A menos que estés segura de que tienes derecho a esas demandas, nunca lograrás obtenerlas. No importa si has pasado todo este tiempo tratando de cambiar tu mentalidad. Debes mostrarte súper segura de ti misma, absolutamente segura de lo que debes disfrutar en tu vida. Esta meditación guiada sólo te está dando el recipiente a través del cual expresar tus pensamientos y deseos internos.

Esto Es Un Maratón, No Un Sprint

Todo este conocimiento puede hacer que quieras sumergirte directamente y experimentar tu verdadero poder divino en todo su potencial.

Sin embargo, esta no es la mejor manera de hacerlo. Entiendo por qué estás tan emocionada, pero necesitas tomártelo con calma. Hay mucho más que dominar antes de experimentar con el impacto de tu divinidad. Eres tan nueva en esto que es prudente respirar profundamente y mantener la calma. Deja que el universo haga su magia, y siéntate relajada y disfruta de lo que viene.

No hay ningún atajo para llegar a ningún sitio que merezca la pena, ¿verdad? Esto es algo maravilloso que debes tener en cuenta la próxima vez que tengas la tentación de precipitarte y forzar las cosas. En lugar de eso, tienes que practicar el arte de la paciencia. Puede ser duro a veces, pero en cuanto veas los beneficios que ofrece, agradecerás haberte tomado las cosas con calma. Mientras tanto, aprecia el momento y evalúa tus progresos. Anota todos los cambios que se han producido hasta ahora. Agradece todas las cosas buenas que te han llegado. Aprecia los momentos especiales que has vivido hasta ahora y prepárate para las emociones futuras.

Piensa en dónde estabas cuando empezaste este viaje y mira dónde estás ahora. Has conseguido hacer todas estas cosas increíbles, has sentado las bases para una vida futura aún mejor. Ahora estás preparada para cosechar los beneficios de tus elecciones. Sin embargo, el cambio no se produce de la noche a la mañana y esto es algo que debes asumir. Hay varias etapas por las que debes pasar, antes de disfrutar plenamente de ese poder abrumador de tu interior. Debes domar ese poder y aprender a tener el control. Se necesita tiempo y una verdadera lucha para conseguirlo. Así que planifica con antelación, prepara tus armas y estructura una estrategia que acabe dando sus frutos.

Tienes que dominar las habilidades que estás empezando a obtener, y esto viene a través de la práctica y la educación continua. Nunca debes creer que has terminado de estudiar. La vida siempre está llena de nuevas posibilidades, que sólo puedes desbloquear cuando lees y comprendes nuevos conceptos. No estamos hechas para quedarnos sin hacer nada mientras la vida pasa por delante de nosotras. Al contrario, tenemos que avanzar con ella, evolucionar y desentrañar los misterios ocultos que nos esperan. Concédete el tiempo necesario para dominar lo que has aprendido hasta ahora. Prueba diferentes meditaciones que desbloqueen las distintas partes de tu cuerpo, tu mente y tu alma. Lee todo lo relacionado con la creación de la atmósfera adecuada, que despertará los sentidos y te permitirá relajarte, abriendo tu interior.

Acepta la realidad tal y como es, y no ignores los hechos. Tienes un poder infinito para el cambio, pero esto no significa que puedas formar la realidad exactamente como la quieres de un momento a otro. La Ley de Atracción no funciona así. Primero tienes que cambiar tu mentalidad y luego seguir adelante para recibir lo que quieres en la vida. Este es un gran paso que necesitas dar, así que no seas impaciente. Establece objetivos realistas y construye tu verdad, ladrillo a ladrillo. De este modo, crearás una sólida obra maestra que no se desmoronará con el primer viento fuerte.

No importa cuántos contratiempos hayas experimentado, no debes rendirte. La perseverancia es la clave del éxito. Incluso las personas con más éxito en la vida han experimentado fracasos. De hecho, algunos de estos fracasos han desempeñado un papel catalizador en su desarrollo posterior. Debes aprovechar todo lo que tienes. Toma ese fracaso y utilízalo en tu beneficio. Aprende de él para no volver a cometer los mismos errores. Se trata de un conocimiento excepcional, que proviene directamente de la experiencia, y que te servirá de escudo de protección en el futuro. Si no has probado el fracaso, lo más probable es que no tengas la oportunidad de triunfar.

Si eres una atleta, piensa en la iluminación y en tu viaje hacia el despertar de tu poder divino como un maratón. ¿Disfrutas corriendo? Si tratas de esprintar en un maratón, eventualmente te darás cuenta de que estás desperdiciando tu energía y que has estado trabajando con falsas pretensiones. La mejor estrategia es preservar tu energía y ceñirte a tu objetivo final. Mantén tu energía, encuentra tu ritmo ideal y asegúrate de mantener el ritmo. ¡Esto te hará llegar a la meta antes de lo previsto!

CONCLUSIÓN

Bien, ¿y ahora qué? ¿Se supone que debes seguir con tu vida, como si tu despertar nunca hubiera tenido lugar? Ahora que has probado tu poder divino, ¿qué debes hacer? Estas son las preguntas que deben pasar por tu mente todo el tiempo. Es perfectamente comprensible, ya que lo que has experimentado es una verdadera revelación. Has despertado. Has conseguido experimentar lo que sólo unas pocas mujeres hacen en su vida. Esto significa que eres especial y que debes hacer buen uso de estos dones tan especiales. Después de haber descubierto algo tan alucinante como esto, es lógico que te sientas perdida. "¿Dónde voy a partir de aquí?", "¿Cuál es el siguiente paso que debo dar?" y "¿Realmente me está pasando esto?" son algunas de las preguntas a las que debes dar respuesta de inmediato.

Lo entiendo perfectamente; te has visto desbordada por las emociones. Es como si todo en tu vida empezara a tener sentido. Ya no eres la mujer insegura que eras antes. El miedo ya no te define. Al contrario, te has dado cuenta de la magnitud del poder que llevas dentro y eso hace que tu corazón lata más rápido. Lo más probable es que te resulte difícil concentrarte en otra cosa que no sea tu reciente experiencia trascendental. A estas alturas, es probable que hayas reproducido lo mismo una y otra vez en tu mente, intentando descubrir aún más detalles y saborear cada momento. No puedo culparte. Yo estaba en estado de shock cuando descubrí mi verdadera vocación, y me costó un tiempo recuperarme y retomar mi vida ordinaria.

Evidentemente, no se espera que lo entiendas todo de un día para otro. Hay una curva de aprendizaje que vas a seguir. Cada día descubrirás cosas nuevas de las que no sabías nada. Piensa que es como aterrizar en un nuevo planeta y tratar de descubrir lo que hay ahí fuera. No puedes empezar a caminar y caminar hasta que hayas cubierto todo el planeta, ¿verdad? Eso resultaría desastroso, ya que te agotarías y no tendrías la claridad necesaria para interpretar las señales. Paso a paso, debes trazar tus planes y averiguar la mejor manera de cubrir la mayor distancia posible cada vez.

Esta es una novedad trascendental la que has encontrado; nadie podría relajarse y simplemente salir a la calle con su rutina diaria. Es imposible ir a sentarse delante de un ordenador y hacer una entrada de datos, o ponerse a contestar el teléfono, sin querer gritarle al mundo sobre tu transformación. Te has comunicado con tu diosa interior, encontrando sólo una pequeña fracción de tu poder. Ahora tienes que poner esto en perspectiva. No puedes cambiar tu vida radicalmente porque eso porque eso te desconcentraría. Lo que puedes hacer es dar pasos pequeños como de bebé, y leer, y luego leer un poco más sobre lo que te está pasando. En este libro, espero haberte dado las respuestas a todas tus preguntas, pero debes seguir formándote de por vida.

Es importante que te ciñas a tu rutina y que incorpores este inmenso cambio a tu vida de forma que no se altere tu control de la realidad. De lo contrario, podrías enfrentarte al aislamiento social. Si comparas esta experiencia con cualquier otra que hayas vivido hasta ahora, habrá una enorme distancia entre ellas. Sin embargo, no debes subestimar lo que te ha llevado al lugar en el que te encuentras ahora. No te olvides de las personas que han estado a tu lado. Ellos merecen ser felices a tu lado, así que no los excluyas de tu vida. Por otro lado, los que han criticado y se han burlado de tus creencias no deben estar cerca de ti.

El Mundo Es Tu Ostra

...y tú eres la perla. La vida está llena de sorpresas y tú estás preparada para enfrentarte al mundo con una mentalidad diferente. Eres divina, eres sagrada, has sido elegida para bendecir la tierra y comunicarte con el universo. Hay divinidad dentro de ti, tu diosa interior te está invitando a experimentar la grandeza. ¿Qué es lo que te retiene? Aprovecha esa oportunidad y sácale el máximo partido. Cada día debería ser una celebración de tu naturaleza única. Estás equipada para enfrentarte al mundo, persiguiendo tus sueños y esperanzas hasta infundirles vida.

Mírate al espejo y dime qué ves. Veo a una mujer empoderada, que está ansiosa por descubrir todas las verdades de la vida. Tienes sed de conocimiento y quieres crear, nutrir, cuidar y saborear. No hay nada que te detenga en tu camino. Estás decidida a sobrevivir y prosperar contra viento y marea. Tu objetivo es hacer correr la voz a los demás, haciendo saber a las mujeres lo poderosas que son realmente. Está en tus manos. Tienes la capacidad de influir en más mujeres para que exploren su poder divino femenino. Esta es tu vocación. Este es tu destino. Disfruta de ser el centro de atención porque te lo mereces. Disfruta dejando que otros caminen en tus zapatos y sigan tu ejemplo. Te lo has ganado.

Eres libre de volar en busca, descubrir tierras inexploradas, sumergirte en aguas cristalinas y explorar la inmensidad del océano. Nada puede interponerse en tu camino. Es la pura fuerza la que te guía, junto con la iluminación del conocimiento profundo de la eternidad. Mira el sol, las estrellas y la luna. Observa lo grandes que son, brillando por sí mismos. No necesitan que nadie más los valide. En cambio, conocen su verdadero valor y nunca subestiman lo que son. Imagina el infinito, el antiguo poder que ha sobrevivido a través de milenios. Tú eres parte de esta verdad mística. Eres parte del universo, en perfecta sintonía con su poder.

El mundo es tu ostra, porque eres poderosa y extraordinaria. Eres capaz de trazar tu propio curso, decidir a dónde quieres ir y qué quieres hacer. No hay ninguna restricción. No hay nadie que pueda negar tu inmenso poder y tus ilimitadas posibilidades en la vida. En lugar de encontrar excusas para rechazar tus opciones y reducirlas a lo que te resulta familiar, tienes que expandirte y ampliar tus horizontes. Sal de tu zona de confort. No has llegado hasta aquí para conformarte con lo que dictan los demás. Al contrario, siempre has sido una visionaria. Tu mente nunca ha descansado; siempre intentas aprender más y descubrir lo que permanece oculto en la oscuridad.

Con la impactante revelación de que eres una entidad sagrada, directamente conectada con tu antiguo espíritu, ¿cómo puedes cambiar tus creencias y vivir la vida de forma diferente? Llega al mundo, revelando tus secretos y conectando con otros que están experimentando lo mismo, mientras lo haces. Tu vida está a punto de cambiar más de lo que crees. Entrena tu cerebro, reconoce los cambios y descubre cómo controlar tu energía interior. Este es el camino hacia la verdadera conciencia. Entonces, serás imparable. Tendrás el poder de fluir a través del universo, llamando a los elementos más preciosos de la naturaleza para que te bañen con sabiduría, amor, luz y esperanza. Una criatura etérea como tú tiene derecho a todas estas cosas magníficas de la vida. Sólo tienes que extender la mano y tomar lo que es tuyo por derecho. Prepárate, porque esta será una experiencia que cambiará tu vida.

Una Despedida Desde el Corazón

¡Enhorabuena, queridas mujeres! Han completado con éxito su camino hacia la iluminación y es hora de revelar el siguiente paso. ¿Cómo estás avanzando en tu vida ahora que has entrado en tu poder divino? A lo largo del libro, he tratado de describir en detalle cada parte del proceso del despertar. Sé que el viaje va a ser diferente para cada una de ustedes, señoras. Sin embargo, hay una cosa que puedo prometer aquí y ahora. Si sigues los pasos que he expuesto en estas secciones, te acercarás más que nunca a tu diosa interior. Esto es un logro en sí mismo.

Espero que ya te hayas dado cuenta de lo único que es tu verdadero yo. Sería un honor para mí escuchar que has apreciado un poco más tu lado femenino, gracias a algunas de las cosas que he dicho. Tienes que ser consciente de tu ser superior especial y tratarte siempre bien. Hay formas de llegar a lo más profundo de tu alma y descubrir tu energía femenina. Con el tiempo, aprenderás a dominar este flujo de energía y podrás contenerlo y utilizarlo exactamente de la manera que quieras. Esta maravillosa e inmensa fuente de energía te ofrecerá un sinfín de posibilidades en la vida, así que debes mantener los ojos abiertos y hacer uso de ellas.

Te deseo todo el amor en la vida. Te mereces una vida llena de amor y cuidados, así que asegúrate de rodearte de personas generosas. Más que eso, te deseo luz en tu vida; que te bañe con sus propiedades benéficas. La luz pura que brilla sobre ti y te ofrece todos esos sentimientos cálidos, proviene de la conciencia y la curiosidad. Espero que esta sea la luz que te guíe en tu viaje. Va a ser una experiencia extraordinaria para ti. Y sobre todo, te deseo valor. Habrá momentos en los que tendrás ganas de rendirte. Como te dije antes en el libro, despertar tu energía femenina no es todo rosas y flores. Así que necesitarás todo el coraje que puedas tener, para soportar el dolor, y lograr el trabajo duro y el esfuerzo extenuante.

Esta experiencia sólo te hará más fuerte y más iluminada. No rehúyas el reto. Lee las diferentes secciones y toma nota de todos los detalles que marcarán tu luz de guía. Este será tu faro, incluso cuando te sientas perdida en tu viaje. Vuelve a las páginas que tratan de aspectos específicos de tu despertar y trata de comprenderlos. Se trata de un conocimiento adquirido duramente, que he tenido la suerte de documentar y transmitirte. Siéntete libre de leer una y otra vez, hasta que percibas plenamente el concepto de alcanzar tu divinidad femenina. Tu transformación ya ha comenzado, lo cual es algo excepcional a tener en cuenta. Esto es algo de lo que deberías estar orgullosa. No muchas mujeres han sido bendecidas para vivir como tú lo haces. Así que es tu deber asumir el reto y aprovechar al máximo cada día.

Tómate un momento y contempla lo que has conseguido hasta ahora. Han recorrido un largo camino y no podría estar más orgullosa de ustedes, chicas. Ahora, todo está cambiando. Sus vidas mejorarán drásticamente ahora que han captado todo el potencial de su poder interior.

Todo este conocimiento empírico está disponible para ti ahora que has completado este libro. Extiende la mano y toma lo que quieras, porque ha llegado tu momento. Es tu momento de brillar e irradiar con un resplandor maravilloso, mostrando al mundo de qué estás hecha. Eres sagrada. Eres única. Eres maravillosa. Buena suerte en tu viaje, y te deseo todo lo mejor... ¡que estoy segura que lo obtendrás, ahora que has completado tu despertar de energía de la diosa!

REFERENCIAS

Create Balance And Harmony Using The Law Of Polarity. (2016, December). www.Magzter.com. https://www.magzter.com/article/Lifestyle/OMTimes-Magazine/Create-Balance-And-Harmony-Using-TheLaw-Of-Polarity

dc20462. (2017). Glow Woman Women. In *Pixabay*. https://pixabay.com/photos/glow-woman-women-s-silhouette-sea-2826154/

Devanath. (2016). Lotus Natural Water. In *Pixabay*. https://pixabay.com/photos/lotus-natural-water-meditation-zen-1205631/

FelixMittermeier. (2017). Milky Way Starry Sky Night. In *Pixabay*. https://pixabay.com/photos/milky-way-starry-sky-night-sky-star-2695569/

Fotorech. (2017). Sky Freedom Happiness. In *Pixabay*. https://pixabay.com/photos/sky-freedom-happiness-relieved-2667455/

Free Photos. (2014). Summerfield Woman Girl. In *Pixabay*. https://pixabay.com/photos/summerfield-woman-girl-sunset-336672/

Free Photos. (2015). Sparkler Holding Hands. In *Pixabay*. https://pixabay.com/photos/sparkler-holding-hands-firework-677774/

Free Photos. (2016). Person Mountain Top Achieve. In *Pixabay*. https://pixabay.com/photos/person-mountain-top-achieve-1245959/

geralt. (2019). Self Love Heart Diary. In *Pixabay*. https://pixabay.-com/photos/self-love-heart-diary-hand-keep-3969644/

Gorbachevsergeyfoto. (2018). Woman Portrait Girl. In *Pixabay*. https://pixabay.com/photos/woman-portrait-girl-people-model-3287956/

Hans. (2016). Girl Person Child Summer. In *Pixabay*. https://pixabay.com/photos/girl-person-child-summer-dress-1469748/

HNewberry. (2016). Goddess Female Pagan. In *Pixabay*. https://pixabay.com/photos/goddess-female-pagan-magic-lady-1500599/

Katerina Knizakova. (2017). Model Red Weed Field. In *Pixabay*. https://pixabay.com/photos/model-red-weed-field-green-plant-1955528/

kudybadorota. (2018). Girl Daydreaming Horse. In *Pixabay*. https://pixabay.com/photos/girl-daydreaming-horse-daydream-3551832/

Leninscape. (2017). Yoga Outdoor Woman. In *Pixabay*. https://pixabay.com/photos/yoga-outdoor-woman-pose-young-2176668/

msandersmusic. (2016). Stained Glass Spiral Circle. In *Pixabay*. https://pixabay.com/photos/stained-glass-spiral-circle-pattern-1181864/

netage. (n.d.). The Da Vinci Code & Mary Magdalene I. Netage.Org. https://netage.org/the-da-vinci-code-mary-magdalene/

NRThaele. (2017). Girl Freedom Climbing. In *Pixabay*. https://pixabay.com/photos/girl-freedom-climbing-hiking-1955797/

Paulo Coelho - Wikiquote. (n.d.). En.Wikiquote.Org. Retrieved September 15, 2020, from https://en.wikiquote.org/wiki/Paulo_Coelho

Peterson, J. (2020, March 4). *Jordan Peterson explains the yin yang symbol*. Logo Design Love. https://www.logodesignlove.com/yin-yang-symbol

Piro4d. (2017). Feng Shui Stones Coast. In *Pixabay*. https://pixabay.com/photos/feng-shui-stones-coast-spirituality-1960783/

Qimono. (2018). Drop Splash Drip. In *Pixabay*. https://pixabay.com/photos/drop-splash-drip-water-liquid-wet-3698073/

Silviarita. (2017). Young Woman Girl Umbrella. In *Pixabay*. https://pixabay.com/photos/young-woman-girl-umbrella-rain-out-2268348/

Sweetlouise. (2017). Necklace Heart Stones White. In *Pixabay*. https://pixabay.com/photos/necklace-heart-stones-white-gold-2149668/

The Law Of Attraction—Discover How to Improve Your Life. (n.d.). The Law Of Attraction. Retrieved September 15, 2020, from https://www.thelawofattraction.com/

FINALMENTE... POR FAVOR, DEJA UNA RESEÑA EN AMAZON O EN AUDIBLE

De todo corazón, gracias por escuchar nuestro libro. Realmente esperamos que te ayude en tu viaje espiritual y a vivir una vida más empoderada y feliz. Si en efecto te ayuda, nos gustaría pedirte un favor. ¿Serías tan amable de dejar una reseña honesta de este libro en Amazon o en Audible? Sería muy apreciado y probablemente impactará las vidas de otros buscadores espirituales en todo el mundo, dándoles esperanza y poder. Leemos **cada** reseña que recibimos y cada una de ellas nos ayuda a convertirnos en los mejores escritores y maestros espirituales que podemos ser.

¡Gracias y buena suerte! Angela Grace

¿POR QUÉ NO TE UNES A NUESTRA COMUNIDAD DE FACEBOOK Y HABLAS DE TU CAMINO ESPIRITUAL CON PERSONAS AFINES?

¡Nos encantaría saber de ti!

Ve a este enlace para unirte a la comunidad de "Ascending Vibrations":

bit.ly/ascendingvibrations